野球．人生

別無所「球」的追夢人

曾文誠——著

通往棒球的神奇天線

企業講師、職場作家、主持人
謝文憲

曾公第一次跟我講話，就像本書所描寫，曾智偵第一次跟曾文誠說話，一樣寫實與心跳。

球場與職場

棒球不分國界、年齡、膚色，但有階級、球技、薪資的差別，在我看來，許多人把棒球當夢想追尋的殿堂，我卻把棒球當成職場現實的照妖鏡。

球場中，學長（前輩）與學弟（菜鳥）的關係，就像職場上資深與資淺者的互動。棒球領域的各項數據，就像工作場域的KPI，每一項都被放大檢視，只是你我業績有無達標，不會上報紙揭露，球場中每位球員的數據資料，卻在網站、PTT論壇中，被放肆地討論著。

球員出身不重要，能上一軍有好成績才重要，跟職場的狀態「你成功了，屁話都是對的，你沒成功，對的話都是屁」一樣貼切、有趣，而那些沒上一軍，沒有好成績的球員呢？就等那一通電話，被CALL上大聯盟（上一軍），跟我們每天上班，辛勤耕耘期待被老闆看見，一樣點滴在心頭。

球場就是職場，我愛看棒球，非因我是棒球專業人士，但棒球，成為我在職場外，療癒與幻想的紓壓舞臺與奔馳戰場，每當我困苦無助、挫折潦倒、失去自我時，棒球陪伴我度過每一個快要死去的夜晚，以及迎向隔日陽光的再生動能。

沒有人能寫出這種感覺，除了曾文誠。

我與統一獅

看了三十年的中華職棒，二年開始因為謝長亨，看統一獅到現在，無論是七年五冠，或是最近的一冠難求，棒球對我而言，從來就不是輸贏，而是職場與人生的縮影與照妖鏡。

從中職看統一，或從統一看中職，從球員看統一，或從統一看球員，沒有一個角度有違和感，但一般人寫不出那種感覺，曾公可以。

在〈想我獅兄弟〉一篇，透過曾公的文字，把我的視線拉回了三十年前，那個沒有網路的單純歲月。曾公當記者？採訪球員？我原以為神是不用上班的，他跟你我一樣，透過每一場比賽，每一個play，每一個訪談，跟球員變成好朋友的過程，細膩描繪與深度觀察，給了我們一個球場外的視角與望遠鏡，近距離觀察年輕世代或許不理解的球員生態與團隊全貌。

我特別喜歡他對童健勝、杜福明、郭俊男領隊的細膩觀察，尤其是郭領隊。

我從年輕氣盛到步入中年，從喜歡英雄，進而觀察球隊領導者的經營與帶領模式，雖然都是看棒球，但視角早已不同。若沒有曾公的筆觸，我無法了解統一從谷底翻身的過程中，郭領隊所扮演的重要性，此時大腦突然浮現布萊德彼特在電影《魔球》中的帥帥樣貌，對比胖胖的郭領隊，一下子覺得好笑，一下子卻又感傷，這就是棒球帶給我的美好與餘味。

棒球人的別無所求，單純為熱愛的運動執著，對比職場工作者的求新求變，看似不同，實為一致，我們都為每一個play背後的最佳解，盡力扮演好自己的基本功。

職場與球場都沒有常勝軍，人生有峰有谷才精彩，看戲的我們，除了娛樂效果外，不要只看戲，我們可以試著回想，棒球帶給我們的學習是什麼?如果您缺乏那條連接棒球世界的網路線，曾公的書可以給您一條，一條通往棒球之神的神奇天線。

平凡中見不平凡的故事

每個人都喜歡故事，無論是聽來或看來的。

我也不例外，尤其棒球故事，過去三十餘年來參與棒球事務，聽到看到的不少，從未認真地想把它記錄下來，進而書寫成文字，直到近年、直到一個畫面浮起，那是我的朋友、和羽球國手同名的王子維，他是金門人，憶起小時候和弟弟在戰地看中職的回憶，後來到臺灣討生活，老弟王凱仍忘不了棒球，和別人不一樣的是王凱愛蹲捕，也嘗試精進接球的技巧，但遺憾的是打乙組球隊的他，從未接過一百四十公里的快速球，直到有天隊裡來了一個剛從職棒退役的投手，面對王凱擲出那傳說中一百四十公里的快速球，當下王凱心裡讚嘆地說：「這就是一百四十公里的旋轉啊！」

這是我聽來的棒球故事，其實王子維只有輕描淡寫的幾句，說他老弟接捕時的震撼，但我聽來卻極有「畫面感」，因為故事發生地就在我每天都會往下望的「永和中正橋棒球場」，重點是我能感受砸進王凱手套那聲重響，突然心中畫面很生動地浮起，後來我再找王子維喝咖啡，追問更多的材料，不久即完成了本書中的第一篇故事〈１４０公里的旋轉〉，把這篇文章放在本書之首，也是別具意義。

那顆一百四十公里的速球似乎也帶領著我，認真地去追尋那些無所求，只願在生命歷程中寫下屬於自己棒球篇章的人。這些人不是職棒明星，也不是大家熟知的公眾人物，只是平凡人，但他們的棒球故事在我看來極其不平凡，聽他們故事可以感受到強大的生命力，還有我很在意，那種躍然紙上的「畫面感」。

所以，這裡有一個日據時代在東瀛學過野球，後來在故鄉臺南餵球給少棒小選手的老紳士。

這裡有一個只因一句話，數年來從臺中繞臺灣半圈，為實現承諾的棒球志工。

這裡有個無國界醫生，卻無怨無悔地從志學之年一路支持同一隊伍，直到年過不惑，卻依然瘋狂不已。

這裡還有另一個醫生，一個骨科專業，卻夢想成為另一種專業——一個站在投手丘上痛宰所有打者的人。

還有、還有，是什麼樣的力量能讓一個人扛起大石塊，翻山越嶺地為棒球立碑？還有素昧平生的人，只憑著一個專注跑步的身影就牽起一段臺日的父子情緣？還有……

這些人，這些事，是這幾年來從北到南，聽來問來而後轉化成文字，形成一篇篇屬於棒球人的故事，還有我自己的「故事」，憶起那青年時期的我，隨著獅隊採訪工作，而憶起那群「獅兄弟」的點點滴滴，還有那蒙受不白之冤的呂文生。

這本書沒有提供偶像的美照，沒有明星球員的驚人紀錄，有的只有故事，平凡中見不平凡的故事，我喜歡聽故事，希望你也喜歡。

Table Of Contents

目錄

1

140公里的旋轉

金門到臺灣的距離是三百公里
本壘到投手板的距離是十八點四公尺

有線電視與職棒比賽

一九九四年王凱十三歲，在金門這島上十幾年的成長，王凱記不起來有什麼值得提的，尤其和臺灣本島的小孩相比，好像少了點什麼，但又說不出差別在哪裡。一九九四年王凱總算了解了其中的差距，至少在看電視這件事上。家中那小方盒投射出的畫面，永遠是太武山上轉播站發射出來的華視節目，他們無從選擇。

但一九九四這年不一樣了，王凱家裝有線電視了，電視臺數量瞬間從一變成後面多了兩位數，更妙的是居然還有人可以分攤這筆裝機費用。

王凱和阿嬤從小就住在傳統的閩南老宅，特別是以王凱家為中心，圍繞的並不是其他村落的民宅，而是軍營、大大小小的營區，被稱之為「東沙衛生連」的營區。很突兀吧？但對金門人而言卻沒什麼好大驚小怪的：一九四九年九月人民解放軍攻打廈門，兩天的時間戰事就結束，轉進金門的國軍部隊，為防金門這個小島失守，短時間內就築起防禦工事，搶占民房、拆門板，一切以軍事為先，而且這種毫無民意的現象一直到戰事結束也未有改善。王凱家雖保留住老宅，但鄰居都換成了陌生的軍人，這又算什麼？

奇妙之處也就在這裡了。衛生連連長想裝有線電視嘗鮮，但問題是牽線得從王凱家通過才能一路到連長室！

「跟你們商量一下，你們家可不可以借我『用』一下？」不似平日威嚴，連長低姿態這麼起個頭。最後他說：「如果線牽好了，以後每月的費用我們各一半如何？」這無關軍事，所以是兵求民，阿嬤起先不怎麼想花這筆錢，但拗不過兩個孫子的請求，也就勉強接受了。但阿嬤沒料到的是這每個月一、兩百塊的付出，卻是王凱多采又多姿青少年歲月的開始。

電視臺數量變多了，遙控器就不再是個廢物了，王凱打算一路從頭轉到最後一臺，看看有什麼好玩的，然而他卻在某一臺停了下來。「職棒比賽呢！」王凱津津有味地看著。其實這也不算王凱第一次看職棒比賽，之前華視在每個週末《體育世界》的節目都有一小段的職棒精華，但那種片段似的比賽，跟電影預告差不多，好看是沒錯，但很不過癮。

這一次不一樣，沒有間斷的比賽，他一顆顆球的看，每一個play都沒放過，之後放學回家後，王凱的休閒娛樂就是看職棒了。原本他是一個人加哥哥，後來人數有了變化：衛生連的官兵有人耳聞王凱家裝有線電視了，一九九四年，職棒五年，也就是兄弟要朝三連霸邁進，正是臺灣職棒第一次高峰的年代，來自臺灣本島的士官兵少不得有那種狂熱的職棒迷，有電視怎麼能錯過，當然不能在連長房間看，王凱家是最佳選擇。

其實以王凱家的經濟狀況，理應跟那些上門看球的收費才對，肯定是很賺錢的生意。但他們沒有，想來看就來看，門永遠開著，有時一個晚上可以聚集好幾十人一起吶喊，像極了運動酒吧，有時看著看著王凱就跟他們問「這是誰？」「很厲害嗎？」這種問題，大家眼睛邊盯著，嘴巴邊順勢回了一下。

後來有位王姓軍醫覺得有必要跟王凱好好上一堂中華職棒歷史課，所以他就從職棒元年兄弟對統一開幕戰，汪俊良在眾人意外中擊出史上第一支全壘打說起，然後四個球隊歷史，大小明星球員，聽得王凱眼中不斷閃耀光芒。

但還是有些點是王凱想不透的，這位後來成為腎臟科名醫的軍官為什麼老是說三商虎隊的事啊，什麼火車球多快，鷹俠、康雷、哥雅球打多遠，讓王凱覺得這太奇怪了，後來一問才知道他是三商虎迷，另一個常在旁邊跟著加油添醋的蔡醫官也是虎迷。

偶像是捕手陳金茂

原來看職棒要找一支球隊支持啊！「那我來選味全龍好了！」選味全龍是因為隊中有個捕手陳金茂超厲害的。「好吧！就是味全龍了。」王凱這麼告訴自己。

選了龍隊，王凱不但有看球的目標，有支持的對象，看球的熱勁也不同了，和本島一樣，那時的龍象大戰是大家看比賽首選，就那麼巧，哥哥是象迷，家中各為其主的加油，他們並不是太特別的例子，唯一和其他家不同的是：王凱家門口就有廣大的營區，每次龍象大戰一結束，不是哥哥把電視關掉出去，就是弟弟走掉，然後到營區空地上大喊一聲「幹！」

有時球隊輸球了，王凱會安慰自己，至少他偶像今晚表現不錯，他真的很喜歡陳金茂，覺得他超強的，能當捕手又很會打擊，尤其揮棒時那種豪邁的動作真令人欣賞，連電視上的球評都說陳金茂即使揮空都好看，而且他每一次都超會打陳義信的球。

每個人都有夢，立下心願的年齡也許各不相同，王凱想當陳金茂，以後要打職棒，這個夢想一點一滴的在心中形成。王凱不是光想而已，他非常認真的付諸行動。

而這一付諸行動就很嚇人。

金門最熱鬧的是金城鎮，金城鎮上有家叫亞青的體育用品店，老闆最愛提的一件事是他和李來發是同班同學，王凱對李來發這號人物沒什麼概念，但老闆是在本島念體專的，那就厲害了。所以王凱要買全套的捕手用具就非找他不可，他介紹的準沒錯。但一套捕手用具，要價八千多塊，家境並不富裕的王凱哪來的錢？有的！為了表示要當陳金茂的決心，王凱忍痛把他存了好多年好多年壓歲錢才買下來的超級任天堂加磁碟機，賣給部隊的軍官，然後再東湊西湊地總算有了這筆錢，也不知道王凱是不是全金門唯一有全套捕手用具的人，但老闆顯然也被他的決心感動，賣了他全套用具，還加送一支木棒，上頭還有成功兩字的logo。

工欲善其事必先利其器，話是這麼說沒錯，但光是有用具，沒有好好練也搞不出什麼名堂，問題是在金門打棒球並不普及，不像練長跑，有地方還有個金門傳奇人物許績勝可以效法，聽說許績勝每天跟著軍車跑，最後還跑贏軍車，金門小孩都相信這個傳說。但王凱沒有傳說可學，雖然三商虎有個投手翁豐埼是金門人，但他是投手啊。

雖然沒人可學，至少王凱知道一件事，當捕手就是要接球，要訓練就是要有人可以投球給你接，沒人丟給你接也是白搭，哥哥是可以考慮的對象，但大家都是小朋友，哥哥又肉腳得很，一定練不出什麼東西來，倒不如找軍區那些大哥哥，叫他們投給我接？

至此之後，一個景象常出現在東沙村衛生連，一個十幾歲的小朋友穿戴著全套的捕手用具，穿梭在各營區之間，逢人就問：「你要不要投球給我接？」一開始大家當他是好玩，所以隨便丟兩球應付一下，後來大夥發現這小朋友是認真的：因為他的問句從「你要不要投球給我接？」變成「來丟球啦！」突然之間，這好像變成了大家的責任。

王凱常會到處去敲門，問要不要來丟球，如果正好沒事當然沒問題，如果碰到在執行勤務，或是太累不想動，例如夜行軍之後，對王凱的要求就會來個相應不理，不管他敲門聲音有多大，當作沒聽到就好，但這一招也不都是很靈，有時看沒人應門，王凱就直接推門進去，但就是這麼不巧，有一回王凱推開門，醫官一抬頭看到王凱，沒好氣的跟他說：「啊你是沒看到我在給病人推疝氣嗎？」

一四〇公里接起來是什麼感覺？

雖然如此，但多數時候王凱的小心願是都可以達成的，因為阿兵哥別的沒有，時間最多，都能閒到養小動物，或研究如何泡壯陽藥酒了，丟球給王凱這種小時間當然有，而且一時之間一群阿兵哥對著一個小朋友丟球好像成了衛生連最有趣的活動了，那畫面根本就是夜市在丟保齡球瓶的感覺。雖然是不同的「投手」在丟，這當中姿勢各異，有棒球底的，也有這輩子第一次握棒球的，還有人一邊丟一邊喊：「幹，死囝仔！」

但無論如何，王凱總是想盡辦法要把球牢牢地接進手套中，而且他們是在營區的水泥地上練習，如果球投不準先「慢斗」在地上，那種反彈的速度可比紅土要快上許多，每次都讓反應不及的王凱痛到哀哀叫，但這種生理的痛還好，王凱想知道的是，我每天這樣接雖然進步了，但到底我接的球速是多少啊？職棒投手都能投一百四十公里快速球，那我接得到嗎？

王凱很想知道對面那些阿兵哥投出來的投有多快，但沒有任何測速機器，就只能憑那些阿兵哥一張嘴在吹牛，有些人說他至少有一百，有人講他絕對有一百三，這些王凱都不信。後來有個黑臉的士官長拿個碼表出來說可以測球速，「沒有問題的啦，我有公式可以算喔」，結果王凱還是發現這又是吹牛，最終有人告訴他可以買個球上有速度表的球來試看看，未必精準但可以參考，王凱花一兩百塊買了一個，是貴了點，但至少化解了他的疑惑，除了一個用側投的陳姓下士之外，其他人用盡吃奶力量也投不到一百，那職棒的一四〇公里到底是什麼樣的旋轉速度啊？

王凱的決心好像不止練接球而已，聽說當捕手下半身力量很重要，為了強化下半身，部隊晨跑他跟著跑，部隊跑三千公尺他也要跟上，跑到阿兵哥都笑他：「這麼想當兵喔！」後來王凱也不知從哪裡聽來的，有好幾個禮拜的時間他都雙腳戴著加重環，然後踏著沉重不已的步伐前進著，走到學校，走去軍區接球，然後走回家，再把捕手用具一一掛上，他的用具不是像一般小孩回家隨手一丟，而是在家中釘上好幾個釘子，然後再一一按著頭部、胸部的位置好好掛著，掛球具的動作一如教友懸掛聖像般虔誠。

人因夢想而偉大？但多數時候還是得接受現實的考驗，王凱想打職棒，但光是這樣土法煉鋼，想當陳金茂的夢想差不多是金門到臺灣那麼遙遠的距離吧！球技不好可以再花時間練，但如果要生活，得想辦法活下去呢！

王凱把很多時間花在好好當捕手，但身邊的人知道，他自己何嘗不清楚，打職棒只是一個夢而已，以他們的家境，找工作就業分攤家用才是最重要的，正好那時有個來自新竹的阿兵哥對王凱說，他在家鄉賣來令片，要不要跟他一起試試，王凱想想也好，反正早晚都要去臺灣打拚，那就去吧。

侯孝賢的影像、陳映真的文字，深度刻畫了七〇年代臺灣勞工苦澀的一面，至於九〇年代的王凱，雖不是勞工，但日子也不是那麼好過，一邊工作一邊上學，一邊上學一邊工作，最後錢沒賺多少，畢業證書也始終拿不到，不過在新竹這段時間，他完成了一件對他很有意義的事：他到新竹棒球場看了人生第一場職棒比賽。那幾年一再經歷簽賭事件，職棒比賽早已是「門前冷落車馬稀」了，當年電視上的風光已不復返，但王凱仍然看得很過癮，而且在休假日就迫不及待回金門和老哥分享，王凱口沫橫飛地述說，場邊加油聲有多熱鬧，打者跑壘速度有多快，完全忽略了廁所的惡臭以及有可能是全世界唯一的水泥地看臺，末了，王凱對著哥哥說投手球速真的很快喔，不知道接起來什麼感覺？王凱對著哥哥也像是對自己說。

假日聯盟最有意義的那一球

一直到了在藥廠找到一份業務工作，王凱在臺灣的生活總算是安定下來，而且也搬到外島移民不少的永和定居，生活無慮後，你猜王凱最想做什麼？是啊，打棒球，有人跟他提到，在永和如果要打棒球可以到中正橋下棒球場試試看，於是他就走到隔著新店溪河堤築建的球場，看有人在打球，王凱手就癢了，馬上問能不能加入他們的球隊，一如當年問阿兵哥要不要丟球給他接。

「你會打？你守哪裡？」

當答案是捕手而且是從身材乾扁的王凱口中說出時，大家投以半信半疑的眼光，但試了幾球後，發現這小子似乎不是騙人的。他們更沒想到的是這個半路說要來加入球隊的人，至此之後成為球隊的主力捕手，球隊中所有投手講起來就是投得快的不準，投得準的不快，但對王凱而言這問題不大，他蹲在本壘後方始終接得很好，指揮得很好，有次冠軍戰，他還死守本壘，擋下最重要的一分。

王凱一直以為他的棒球人生大概就在這種假日聯盟中平淡度過了，這當中當然也有贏球的喜悅，還有偶然出現的小驚喜，例如有次一個東部原住民到球隊來，據說是陳鏞基的表弟，他對著王凱試投了幾球，一球比一球快，應該有一二〇吧！對於目測球速王凱一直很有信心，小時候那群阿兵哥對著他丟，每次接完，心中想的跟實際測的不會差太遠。所以接完後王凱很篤定，這傢伙應該有一二〇，但離職棒的一四〇也還有一段距離，好想接一球一四〇啊！即使不能打職棒，圓另一個夢也好啊，王凱每隔一段時間總是這樣想著。

那天其實是很平凡的一天，一樣的早起，一樣用餐後換裝，一樣到橋下準備練球比賽。但沒想到對王凱的一生而言，那是很不平凡的一天。

一到球隊，王凱就發現有個巨漢在外野全壘打牆前跑步，「誰啊？」王凱好奇的問隊友，在乙組打球這麼多年沒見過身材這麼大隻的。隊友說：「以前統一的陳逸宸啊！有人帶他來這裡練球啦。」王凱眼睛亮了，職棒的！等陳逸宸熱身完畢，王凱迫不及待地跑去跟他說：你能投球給我接嗎？對剛被統一解約、自我訓練尋求再起機會的陳逸宸而言，有個人可以接他的球自然是再好不過，但對這種可能是乙組中的乙組球隊，接自己的球會不會太勉強了？

陳逸宸有點猶豫，但王凱早已著裝完畢等著了，為免意外，陳逸宸用六、七分力試投了幾球，看著本壘後的王凱接球動作，陳逸宸正想誇幾句時，王凱就衝上投手丘了。「拜託你盡量投，不用擔心，我一定接得到。」也許這是王凱這一生最懇切的一句話了，走回本壘板的路上，王凱還自言自語地說我一定接得到。

陳逸宸的投球動作是先雙手把手套高舉，同時抬腳再用四分之三的放球點將球投出，二〇一一年臺灣大賽第四戰，陳逸宸就是以這樣的投球動作，一四二公里外角速球三振了陳金鋒。

場景換到永和中正橋下，陳逸宸依然先雙手把手套高舉，同時抬腳，此時王凱幾乎快聽到自己的心跳聲了，「來吧！」王凱蹲好姿勢。

啪！

那一刻球場好似只有這個接捕的聲響，王凱激動地想大叫但叫不出來，他想大叫，那一百四十公里的旋轉啊！

陳逸宸一九八六年生，兩年職棒生涯留下五勝七敗四點五六防禦率的成績。但陳逸宸可能不知道，對某個人來說，他這一生最有意義的一顆球並不是出現在職棒場上。

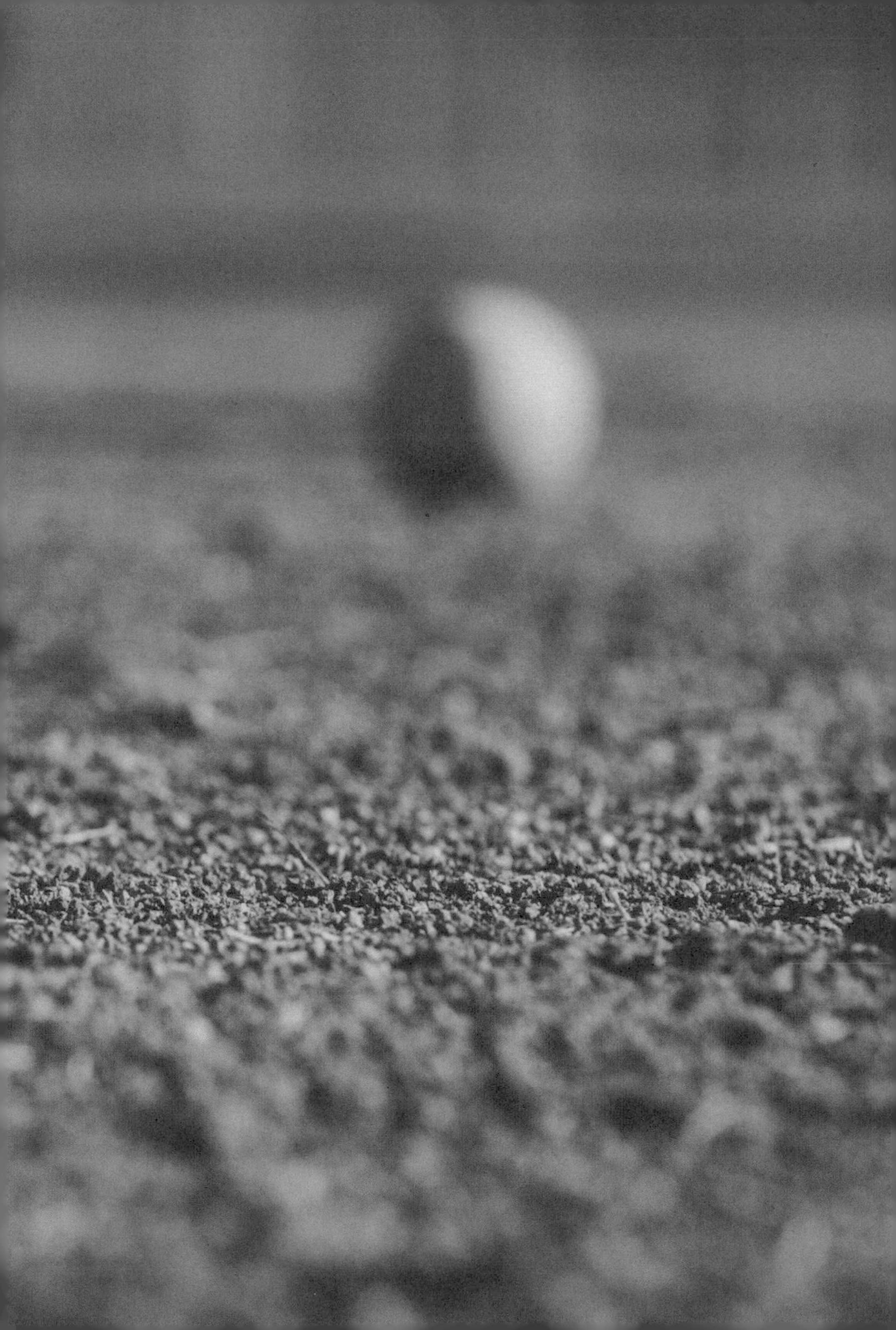

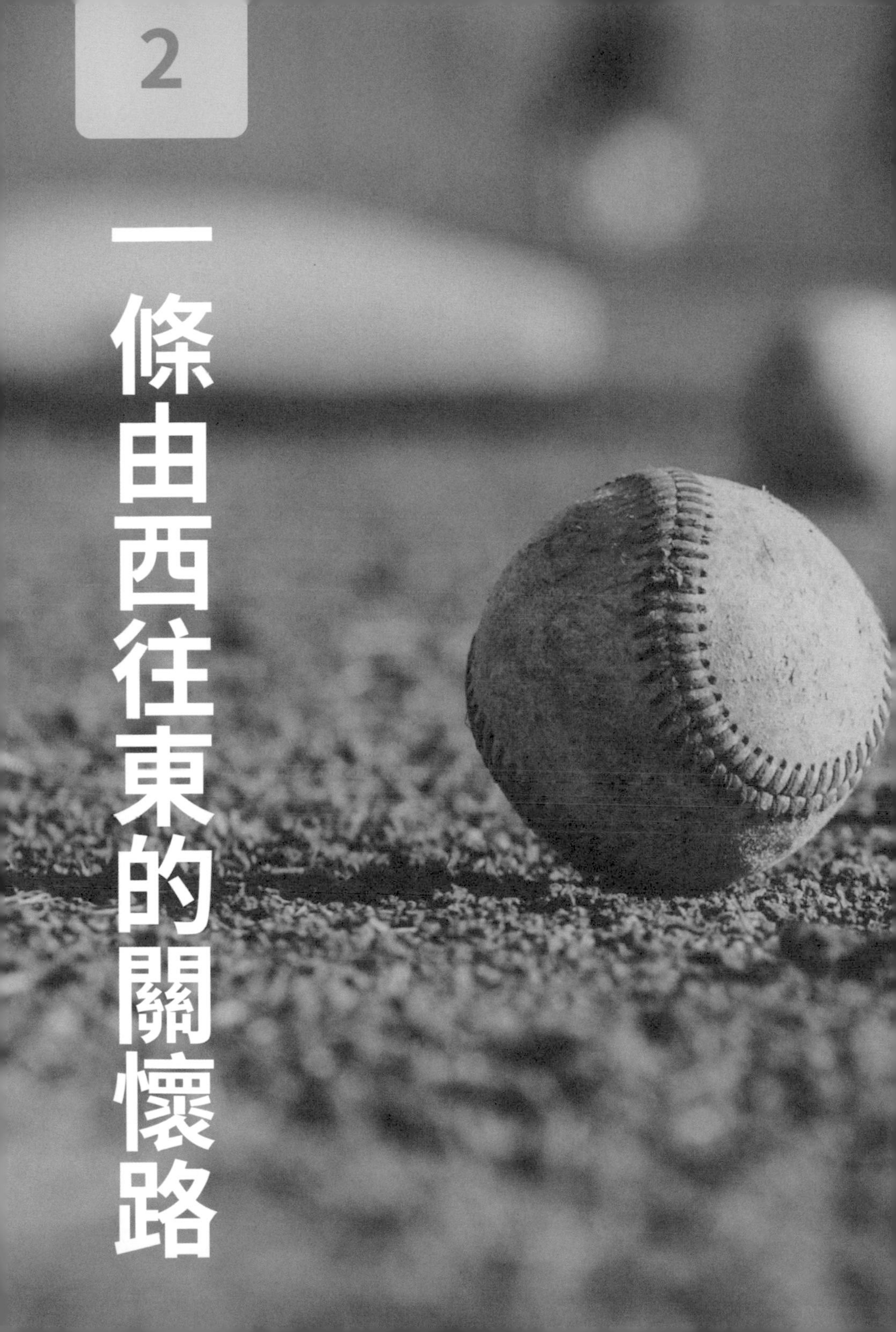

2

一條由西往東的關懷路

「哥哥，你還會再回來嗎？」

小朋友的一句話，讓他決定再回來

蓋球場的徵人啟事

臺中到花蓮，地圖上直線距離很短，但實際移動的時間很長，遠比你想像的更長。

張育綸一年總得從臺中往下到屏東再繞過南迴，接著往北一路開到花蓮幾趟，這是一段不算短的路程，多年下來老馬識途熟門熟路地，也慢慢縮短這當中所花的時間，「現在大概不到六個小時就能開到了。」張育綸說，臉上沒有疲累感，倒有幾分藤原拓海在山路送豆腐的驕傲。

為什麼張育綸要大老遠從臺中到花蓮，不為名不為利跑這一趟？這就是為什麼我從友人處聽到他的故事，會想一探究竟的原因了。

那天和張育綸碰面的地點很有意思，我們坐在北車的某餐廳內，外頭很熱鬧，很多人手上揮舞著國旗，準備參加總統候選人的造勢晚會，一牆之隔，張育綸慢慢地敘述他的故事，感覺四周都安靜了下來，只剩他的聲音。

張育綸回憶，二〇一二年他像一般鄉民那樣在網路閒逛，接著一則徵求義工的發文吸引了他，上頭說要找到花蓮三民國中蓋球場的志工。當時是覺得很有趣或很有意義？張育綸沒有說那刻他決定前往花蓮的動機，總之他是去了，開啟了之後無數次的臺中往花蓮之旅。

所謂幫忙蓋球場，並不像徵文上說的那般轟轟烈烈，張育綸一行數人到那才發現，其實球場已經蓋得差不多了，剩下只是收尾的工作罷了，看起來義工之行並沒有想像的那麼偉大，兩三天的工作一下就結束了，也該是道別的時候。

要說再見時，一位名叫高偉強的孩子，沒有對著張育綸說掰掰，反而是很天真的問：「哥哥，你還會再回來嗎？」這問話深深打動了張育綸的心，在回臺中的路上，高偉強天真無邪的表情，還有那熱烈期盼的眼神，讓張育綸久久無法忘懷，那是一種被信任、被寄託的感覺。

我一定要再回來！對在都市成長的張育綸而言，花蓮的三民地區稱不上熱鬧，距離最近的知名地點是玉里，但三民國中到玉里，沿著臺九線還得開上二十分鐘，至於人口，據說不用一百票就能當選里長，這樣一個稱得上「窮鄉僻壤」的地方，只因一位小朋友的一句話，卻讓張育綸決定再回來。

故事回憶到此時，我是邊聽邊點頭的，不知我的頭點得用力不用力，但心裡是很震盪的。

二〇一七年我決定徒步環島，從臺北南下再繞行花東回家，試試看雙腳的能力，還有往前的毅力。當我從屏東楓港走南迴到臺東，在一處名為安朔的地方住下，那時天色尚早，我到民宿外走走，看到一對原住民小姐弟在練習射箭，原本只想當觀眾的我，最後禁不起他們熱情的邀約，也上前小試了一下，他們則在旁你一言我一語的指導，說真的，有沒有射中目標一點都不重要，但他們像天使般的臉龐卻令我這走了大半臺灣、疲憊不已的旅人，有種身心靈解放之感，末了，在陽光已消逝的當下，最小的弟弟問了我一句：「你明天還會不會再來？」我好想再留一天，但我沒有，我繼續北上趕我的路程，留下直到今天都遺憾不已的決定。

親眼所見的觸動

或許張育綸也不想留下遺憾，或是他自己所形容的「去的沿路上都是剛收割完的農田，放眼望去一片片金黃色的油麻菜花景致，格外撫慰長途跋涉的心靈。」所以他重回三民，而且之後是年年去，有時一年內跑了好幾趟。

張育綸並不是科班的棒球選手出身，能給予的技術指導有限，他也不是日進斗金的咖，要當球隊的金主也談不上，他有的也只是雙手雙腳，還有一顆熱情的心。而這顆心好像不只放在棒球上。不知是不是經常地往來西部與東部之間，張育綸也愛上了東海岸這片土地還有人們，他參加了臺東馬偕醫院楊重源醫師所成立的基金會，並隨楊醫師前往尼泊爾一個名叫卡貝尼的地方義診，這麼一去又得花上好久的時間。

走文至此，你可能跟我一樣好奇，難道張育綸都不用工作嗎？我問了這很庸俗卻實際的問題，張育綸的回答是退伍後辛苦地買房轉手間累積了一點財富，目前手頭也有些工作進行，張育綸講到此，不知為何我突然想起李敖那句「革命前得先餵飽自己」的理論，現實也是如此，自己苦哈哈哪來多餘能力去關心別人，我在一本書上曾讀過「哲學家都是富人出身」這麼一句話，想來也是異曲同工。

張育綸回想，當時雖然經濟能力尚可，但心是空的，正在此時，花蓮三民國中棒球隊小選手的那聲呼喚，似乎讓他有了解答。所以他自願開車從臺中到花蓮，看能幫球隊什麼就幫什麼，也許只是整理場地，也許只是餵餵球，也許是訂訂便當，也或是開車接送隊伍。

即使如此平凡，張育綸看來還是很樂意做這些，否則不會堅持下去，樂意做下去是能看著孩子一天天長大，也和孩子的家人有更進一步的相處、進一步的感情，三民國中棒球隊成了他心靈最大的寄託，然而這同時，張育綸卻看到一些被忽視的，那些你唯有親眼所見才能有感觸的。

曾在路邊張育綸看到一個景象，一個大概幼稚園年紀的孩子就躺在路旁無人聞問，這在都市是不可思議的畫面，但在這裡卻是沒有人在意，沒有人管這孩子是誰家的，危險與否。這裡除了孩子之外就只有老人了，小孩與老人構成這裡的人口主力，所以隔代教養不是新鮮事，其他伴隨而來的貧窮、酗酒等問題，也就成日常了，這些在其他原住民部落或許所在多有，但經常相處有了感情之後，見到如此景況，還是讓張育綸興起想改變什麼的念頭。

這念頭，在三民國中有了新教頭張志強後，完全觸發開來。

用棒球來改變

張志強在統一獅引退儀式上曾說：「臺東是我的故鄉，臺南是我的家。」而花蓮縣三民國中，就是他選擇回饋棒球的起點，但這起點並不容易，花蓮三民國中是個百人的小學校，要人沒人，要資源更缺，但短短的三年間，張志強就把這支球隊帶到全國冠軍，更不可思議的是，張志強的訓練方式非常另類，首先他取消晨操，讓孩子多睡一點養足精神，唯有充足的睡眠才是休養身體的最佳方法。還要求有效的練習，時間不要多但要有用。他也培養選手的自信心，從服裝開始，儘管資源不足，但張志強從不讓球員穿破衣破鞋出外比賽，從外而內地讓三民的選手充滿自信心。

儘管一樣是由臺中到花蓮三民，一樣是到球隊當義工跑跑腿，也許在外人眼中更像是打雜，但打從張志強來後，張育綸看到更多可能性，看到教練對球隊的重要性。

「教練這個位置，我認為才是最需要投入資源的區塊。因為一位教練可以影響孩子的面向，是無法衡量與想像的。這跟學校教育中，老師的角色是相同的。」張育綸這麼說，雖然他始終認為球隊無法取代家庭，但在三民這個特殊地方，球隊創造了一個「歸屬感」，張育綸突然覺得他可以做更多。

他發現棒球可以成為一個媒介，經由棒球這項運動，使得這些可能是隔代教養、新住民、父母離異，原本以為差人一截的孩子，重新取得自信，相信他可以和其他人一樣，甚至更好，有了自信，孩子就想要進一步自我成長，學習新知。張育綸回憶，曾隨著以三民國中為主體的U15國家代表隊，前往日本靜岡參加比賽，回來之後，就有球員跟他提到想學習英語的念頭，因為他們想與不同國家的選手交流彼此打棒球的生活。

這就是棒球能成為向上學習的動力、一種媒介。就像蔡英文總統在府內接見來賓時，特別愛介紹的擺設，那是來自於臺東公東高工的木工作品。同樣的，花蓮玉東國中校方也是藉由木工藝讓學生培養專長，拉回教室上課，另外一個例子是玉里的樂合國小，他們則是透過排笛演奏，讓孩子有機會站上舞臺，接受人生中的第一次掌聲。「透過各種可能，建立孩子的學習興趣，有了自信才能將事情做好，人生道路上才有扭轉的機會。」張育綸表情嚴肅，很認真地說。

交給你，我比較放心

突然之間張育綸好像跳了一級，他將視線拉大關心每一個從三民畢業的孩子，給他們就學的建議，給他們一些人生的方向，對於這位打從他們十三、四歲就常陪伴他們的大哥哥，三民的孩子對張育綸有很強的信任感，後來這份信任感，竟延伸至張育綸沒有料到的人生路，他成立經紀公司，當起了經紀人。

當孩子慢慢長大時，就有家長對他說：「阿綸，你要不要成立運動經紀公司，以後繼續照顧我的兒子，這樣我比較放心。」起初他沒有把這件事放在心上去思考，後來碰到幾個朋友講類似的話，且說到畢竟你平常幫球員做的事情，也很像經紀人在做的。這時他才認真動起了這個念頭，如果家長、孩子信任他，為什麼不試試看？

很快他有第一個也是目前唯一的「客戶」陳震洋，震洋會成為他旗下的球員，一切看起來是那麼的「合理」，陳震洋出身於三民棒球隊，是張育綸從小看著長大的。他在部落裡長大，父親很小就離開，母親改嫁，是阿嬤一手帶大。對同樣在單親家庭成長的張育綸而言，幾乎是相同背景，更多了份想好好

陳震洋（圖右）是張育綸的第一個客戶。（張育綸提供）

照顧他的心，重點是陳震洋阿嬤希望張育綸能當孫子的經紀人，還是那句話「交給你，我比較放心」。

「信任感」是選手和經紀人維繫良好關係的重要基礎，這一點很難讓人不聯想到電影《征服情海》（Jerry Maguire），不過和電影不同的是，張育綸深刻知道，他手下這位選手，對三民國中乃至於整個部落的重要性。對於從一句「要不要再來？」的詢問，那種被信任的感覺，到如今六年多的時間過去，看了一、兩百場三民青少棒隊比賽，還有四、五百場基層比賽的張育綸來說，底層棒球運動的問題，他有一定程度的了解，也同時認識到，職棒選手在部落的地位有多高。

所以，儘管陳震洋的選秀順位不高，但仍有其意義。只要讓未來的孩子知道，棒球能成為向上學習的動力、媒介，那麼這條路就很值得走下去。

3 另一種野球人生

野球就是野球，只不過一顆不起眼的小白球
但卻因它而讓我結交了許多好友，充實了我的人生

陳大豐的義父

二〇二〇年的第一個月，我走在阿塱壹古道上，旅程即將結束，突然想起今天十八號，似乎是旅日球星陳大豐過世的日子，怎麼突然想起這個？不知為什麼，總之就是憶起了，為了確定，上網查了一下，果然沒錯，想起陳大豐，還有那位影響他極大的松井秀郎。

松井秀郎何許人也，陳大豐的義父。過去在我為了陳大豐書籍而展開密集編輯寫作時，松井秀郎這四個字就不斷地出現在我那幾天的工作中，我是真的很想見見這個人，他有我過去及往後歲月裡不可能有的決心及毅力，我想問他

是如何做到在最短的時間內下決心帶陳大豐到日本，然後用十八年的毅力去陪伴陳大豐成長，我想知道這個問題的答案。

二〇〇一年十二月二十三日我訪問到了松井先生。並且將它書寫記錄下來。當時他以極其平靜的口吻說起十八年前的往事，雖然那時的他髮已斑白，和陳大豐寫真書中呈現出的影像相去甚遠，但十八年前的往事對他來說，好像只是一張紙的距離而已，往前翻一頁就是十八年前了。

他說：「那時候我和臺灣棒球界有生意上的往來，也因此認識了不少人，像方水泉等，而方教練是華興中學的教練，對身為中日龍隊球迷的我來說，華興中學是很值得一看的學校，因為中日龍隊的郭源治就是從這裡畢業的，所以當方水泉邀請我去華興走一走時，我就欣然同意了。

「當時我在華興參觀時，正好球隊在休息，但陳大豐卻一個人在跑步，通常選手都是為了跑步而跑步，但他卻像是有目標的跑步，所以他一下子就吸引我的注意，我認為這樣的選手是值得栽培的。」

培養一個棒球選手也不錯

當松井秀郎在回憶起這段往事時，就像是錄音檔在回放，中間沒有任何停頓，清晰一如昨日之事，事實上這些回憶我也曾聽大豐談過，也有相當程度的了解，但再重新聽一次，尤其是當事人述說時，仍有一種人生際遇何其奇妙的感嘆。

問題的重點還是在於，他怎麼會想到把一個陌生人帶到另一個讓他更陌生的國度去發展呢？有人會做這種事嗎，會的人舉手！

松井秀郎的答案讓我意外，原本我預期的會是如「我對棒球有使命感」等近似宗教信仰的答案，結果從松井口中說出的卻是：「人有錢之後總是會找一些興趣來做，甚至有些人還把錢花在女人身上。在我經營事業成功之後，我唯一的興趣就是棒球，那麼用多餘的錢來培養一位棒球選手應該也不錯。」

話聽起來好像沒錯，但我還是覺得不可思議，所以接下來是一段問答。

陳大豐寫真書《推不倒的不倒翁》。（曾文誠提供）

「你這樣說是沒錯，但人畢竟是活生生的，有七情六慾，有喜怒哀樂，這和收集古董字畫等靜態興趣不同，你可以隨時說不要就不要，你沒有考慮到這一點嗎？」

「我有考慮過，但陳大豐是個決心到日本發展的人，一般人聽到要去日本一定都會問我要住哪裡、待遇多少，受傷怎麼辦等，先想到這些再考慮要不要去，大豐卻是一心要去日本，而不問其他，看到他所下的決心，更讓我堅定要帶他到日本發展的想法，雖然可能因此讓我付出很多金錢及精神，但大豐本身要有決心是最重要的。」

如同真正的父子

原來在松井秀郎下決心之前，陳大豐的決心下得更快、更堅定。

從陳大豐和松井秀郎的身上，不知有沒有人和我一樣想到了李宗源？當年李宗源也是因為日本人將其收為義子，並改名為三宅宗源之後赴日發展，並先後加入羅德、巨人等隊，看起來陳大豐似乎是李宗源的翻版。

想到李宗源我也馬上問松井先生，是不是因為日本人對棒球的喜好，所以產生出這類將外國人帶回國培養的做法，關於這一點松井秀郎沒有明確的答案，但他倒不認為大豐和李宗源的例子相同，因為李宗源最後沒有在日本職棒留下好成績，而陳大豐卻是在日本職棒拿雙冠王的臺灣人。

這兩者的差異在於培養的出發點不同，當初李宗源的義父就是希望他在棒球路上一定要出人頭地，因此所有的精神體力都放在棒球上，一旦棒球打不好所有事情都是空的，所以對他義父而言，李宗源變成近似一種棒球商品。

而松井秀郎卻是將陳大豐當成一個人在看待，是人就沒有什麼保證可言，因此大豐未到日本之時，他就已經向大豐的父母說明了，他不敢保證大豐一定在日本打得起來，但還是會盡全力栽培大豐，就因為出發點不同，所以情感也就相異，大豐和他有真正如父子般的感情存在。

事情說到這裡，如果是單身漢的一定沒有感覺，但結過婚的人一定會問：「帶個人回日本，難道他老婆都不會有意見嗎？」我結婚了，所以我問了你們也會問的問題。

「我把大豐帶回日本，這麼多年來，我的家人、我的太太、小孩都沒有說過一句，因為他們相信爸爸所做的一切決定一定有他的道理。」這是松井秀郎先生的說明，然而在一邊說明的同時，松井秀郎卻也一邊流下淚來。老實說從事棒球工作這麼多年，採訪過的棒球界人士不計其數，有講臺語、國語、日語、英文，還有一兩次拉丁話的，但從沒有，一位也沒有，在我面前流淚，如此的感情流露，一時間真讓我不知如何是好，但這又何嘗不是說明了松井秀郎對家人的感激呢！

「野球就是野球，只不過一顆不起眼的小白球，但卻因它而讓我結交了許多好友，認識了很多人，充實了我的人生。」

松井秀郎最後用這句話替他的「另一種野球人生」下了註解。

4

李嘉明的廣島之戀

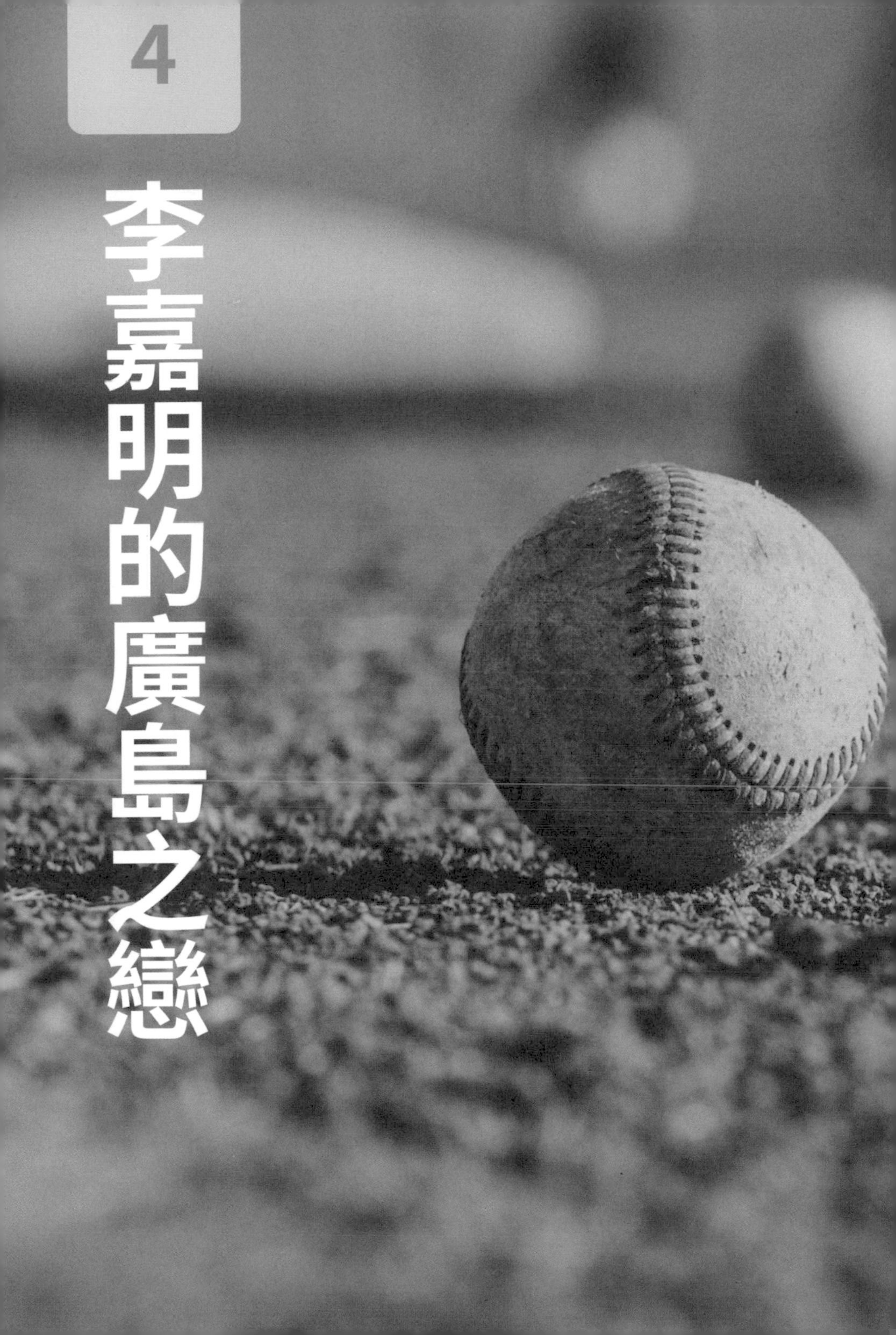

從言語不通到和選手成為莫逆之交

「你們一定要訪問他，臺灣來的廣島隊球迷。」

一九九〇年，廣島隊六十六勝六十四敗二和，聯盟第二，野村謙二郎奪得盜壘王

這一年李嘉明還在念小學。臺灣職業棒球開打，小小年紀的他，也趕上這陣熱潮，四隊當中他最喜歡味全龍，因為球隊裡有個林易增能守、能打又能跑，一上壘就盜壘，讓看棒球比賽變得好刺激。

那幾年家住板橋的李嘉明，要去臺北市立棒球場，得坐307公車搖搖晃晃好久才能到。但他無所謂，能看棒球賽就是很讚的事。看出興趣的李嘉明，也開始想研究棒球，他買的第一本課外書，是用自己零用錢買的——曾文誠寫的《投打之間》。

一九九四年，廣島隊六十六勝六十四敗，聯盟第三位，投手北別府引退

該是準備努力升學考試、大衝刺的關鍵時刻，但棒球依然佔據李嘉明大多數時間。這時他除了味全龍之外，也把眼光注意到另一支隊伍：日本職棒的廣島鯉魚隊，那是因為，超級任天堂的《實況野球》。

這應該毫不意外，這款生動有趣的電玩，有太多人藉由它的操作玩樂而迷上日職，李嘉明也是其中之一。另一個因素是，臺灣有線頻道開始播放日本職棒比賽，也讓他多了看球的平臺。

會喜歡廣島很合理，因為廣島隊也是紅色球服，正和味全龍一樣，而且這支球隊年輕有速度、有衝勁，是學生族群喜歡的類型。

李嘉明開始注意到這支隊伍時，資訊並不多，想關心也常找不到著力點，當時臺灣稱得上體育媒體的僅有民生報，但也只報導旅日球員的表現而已，

「廣島隊」這三個字對李嘉明而言，算是「熟悉的陌生人」。

二〇〇〇年，廣島隊六十五勝七十敗一和，聯盟第五，投手團隊防禦率連續三年央聯墊底

二〇〇〇年的鯉魚隊持續積弱不振，七〇年到八〇年代的黃金時代已然遠去，廣島隊戰績往下走，但整個世界卻在大改變，網路的時代來臨，世界各國距離正在急速縮小中。

拜網路之賜，廣島隊的訊息，就在眼前刷新，那時李嘉明有空就上網，看球隊的戰績，追蹤球員狀況，到留言板逛逛。這時他發現未來要成為更棒的廣島一份子，語言是非常重要的，當時的他日文一竅不通。所以很努力去縮短這其中的隔閡，正巧那時負責轉播廣島比賽的RCC電臺有線上語音播放，這也成為他最佳的日文聽力練習場。

網路改變世界，同時也改變了李嘉明和鯉魚隊的距離，但這改變另一方面也來自於「被迫」——在前一年李嘉明的初戀情人味全龍，竟在完成三連霸後宣佈球隊解散。

臺灣職業棒球成立三十多年，有一百種趕走球迷的方式，這是其中一種。但李嘉明是幸運的，他至少找到可以寄託的另一支隊伍，但有多少，原本熱情的球迷從此一去不回？

二〇〇七年，廣島隊六十勝八十二敗二和，聯盟第五，王牌投手黑田博樹、第四棒新井貴浩宣告ＦＡ

從開始看棒球、有興趣投入，到用心研究每項大小數據，李嘉明成為廣島隊死忠球迷，走了超過十年的路。

原本我們一直以為用「死忠」二字來形容球迷程度已經到天花板了，沒想到這一年後李嘉明的赤色之戀，竟到達似乎無人能及的「痴」「狂」境界。

這一年李嘉明結婚了，蜜月旅行的地點，不用猜就是廣島，事實上，這之後一直到今天，他和老婆出國，只有一次北海道之旅，其餘不是廣島，不然就是和廣島隊有關的地方。

蜜月旅行所以選廣島，是他能就近接觸這些心愛的球員。原本他以為可以近距離靠近選手就心滿意足了，誰知他先去看二軍，發現他們都非常親切，要求簽名來者不拒，想說因為是二軍所以如此，後來到了一軍，發現也沒兩樣，大牌一如新井貴浩也同樣客氣，對所有球迷都親切。這讓李嘉明十分驚喜，「果然沒有喜歡錯球隊」，李嘉明這麼告訴自己。另一個讓他感動的是，後來他知道，原來這是隊上老大哥黑田博樹要求的。

看起來酷酷的黑田，卻有顆炙熱的心，他希望隊中的小老弟都要有球迷為上的心，球迷的要求，儘可能滿足他們，多令人感動啊！李嘉明打從心底百分之百愛上這隊伍。

但痛也很快來了，這年底，隊中的王牌投手黑田博樹、四棒新井貴浩宣佈FA離隊（編註：行使自由球員資格），身為小市場球隊的球迷，要背負兩大宿命：戰績爛及球星出走。這都是考驗他們向心力或意志力的時候。

但戰績無論如何差，總有三場贏一場可以小小安慰自己的時候。球星離開，也知道那是球團付不起高薪，不得已的事，說不定空出位置，年輕球員可以打得更好。這是李嘉明及所有廣島粉要習慣、也必須做的自我心理療法。

但這回不同，尤其是新井貴浩，他不僅是廣島當地人，當初在攻守不看好的情況下，廣島隊選了他、栽培他，但現在羽翼豐了，就拍拍屁股走人，這讓球迷很難接受，甚至可用人生絕望來形容。

二〇〇八年，廣島隊六十九勝七十敗五和聯盟第四，連續十一年B級球隊

冬天的絕望須等待春天的來臨。但在主力投打大將離隊下，廣島隊迎來更不被看好的球季，但這也不影響李嘉明，他利用難得的休假，年年到沖繩的廣島隊春訓營報到，一次兩、三天不等，一趟路遠遠的從臺灣飛到沖繩，就為了看廣島隊，其他央聯球隊也都在附近，但李嘉明完全沒興趣，如果你是洋基球迷，你會想看紅襪春訓嗎？

即使球隊很爛不被看好，但李嘉明不在意，能看著隊中年輕選手成長就是身為球迷最大的樂趣。

那麼李嘉明到底跑了多少次日本，看了多少回春訓及二軍比賽呢？他本人說的未必準，看看他老婆在網誌上所寫的：「我去了三次廣島由宇（編註：廣島二軍球場），N次沖繩春訓，N次的九州日南春訓……」其實李太太根本不是棒球迷，但另一半實在太瘋狂了，所以也得跟著天涯海角跑。甚至他看到小朋友要簽名比較容易，還認真地說要不要生一個以後來幫忙簽名，實在是名副其實讓人頭痛的「惱公」。

但也因為這樣，慢慢的這麼幾年下來，一些化學效應開始產生，不論一、二軍的選手，發現場外有這麼一位來自臺灣的球迷，這麼的死忠、這麼的不同，當然這也可能是李嘉明看春訓的伴手禮——鳳梨酥發揮效果。但無論如何，李嘉明漸漸地從球迷變成大家的好友，見到他總是很熱情地李桑李桑的叫，其中還有成為知己的，像廣瀨純等人直到今天都和李嘉明在通訊軟體上保持密切聯繫。

認識李嘉明的不止是歷年來的現役選手，連退役名將都識得這號人物。大野豐有次在春訓受訪時，正巧看到李嘉明在旁，立刻跟旁邊的媒體說，你們一定要訪問他，臺灣來的廣島隊球迷。後來連藝人尾關高文在他的廣島隊粉絲專書中也大幅介紹李嘉明。至於常被當地媒體訪問就不在話下了。

不論多遠都用行動讓選手感受到他的支持，對球團則是用口袋深度來支援。廣島隊不僅是眾所周知的小市場球隊，且是支非得賺錢不可的市民球隊，所以在球隊經營必須是黑字（賺錢）的情況下，商品販售就成了重要一環，所以他們包括棺材，什麼都賣，什麼都不奇怪，而李嘉明則是買什麼都不奇怪，什麼奇怪的都買。到最後家裡還得特別空出一個房間來擺放戰利品。

李嘉明原以為他的廣島情就這樣了，直到二〇一四年產生重大變化。

二〇一四年，廣島隊七十四勝六十八敗二和，聯盟第三，黑田博樹、新井貴浩宣佈重返廣島隊

作家楊惠君在〈黑田博樹與廣島鯉魚最美的愛情〉一文開頭就寫到：「男人如果說：『有一天，我一定會成功回來找你！』那多半是悲劇電影的伏筆。」

這是用愛情當比方，很棒的文章起頭，暗喻沒有人最終會講話算話。

李嘉明得特別空出一個房間來專門收藏廣島隊的商品。（曾文誠提供）

李嘉明與黑田博樹海報。（曾文誠提供）

但最後我們都知道黑田回來了，然而當初有多少人認為黑田會信守承諾？

至少李嘉明相信，從黑田菜鳥一直到他當了隊上的老大哥，資深鯉魚迷的李嘉明就發現到他始終是言行合一的人。即使是隊中大哥級，他對新進的後輩也不像他人「喂、喂」的叫，而是「某某桑」。這或許是一天到晚跑日本跑廣島的李嘉明觀察出來的，所以黑田行使FA離開鯉魚隊，雖然一度很難過，但他相信黑田一定會信守承諾回到廣島。唯一沒想到的是，在還能投還能在大聯盟生存時，黑田卻選擇回母隊。這麼感人的事發生，也讓李嘉明獲知黑田要去春訓基地報到時，又是二話不說往沖繩跑，只為了見證這歷史的一刻。

二〇一六年，廣島隊八十九勝五十二敗二和聯盟第一，黑田博樹、廣瀨純引退。

該是豐收的時刻了，對廣島球團、球迷，還有李嘉明皆是如此。

經過前十八年，有十六年B級球隊的屈辱之後，這一年的九月十日，廣島隊拿下相隔二十五年之久的聯盟第一，贏球的剎那，鳳還巢的新井和黑田抱在一起痛哭，看到這一幕的李嘉明也和所有廣島迷一樣哭出聲。事實上，近年廣島隊發生的歷史大事件，如二〇一六年八月七日神奇地逆轉巨人的再見全壘打等，他都在看臺上。

二〇一七年廣島繼續蟬連聯盟冠軍，而且奪冠之路走得比前一年更順，李嘉明相信接下來幾年，廣島隊還是有相當競爭力，但這從來不是他支持的重點，重要的是球團努力的經營，球迷從看臺稀稀落落到場場滿座，廣島市民以這支球隊為榮到慢慢擴及全日本，還有見證到每位選手的成長，這才是他欣喜的。

會一直支持下去嗎？這顯然是個不用回答的問題。

後記

為什麼要特別寫一位支持日職球迷的故事？臺灣要找像李嘉明這麼瘋狂的粉絲應該不難才是。

但李嘉明的獨特在於，能從一而終喜歡一支爛隊、從言語不通到和選手成為莫逆之交，成為千萬魚迷當中特殊的一位，這是為文的起始動機。

但文章的真正重點是，李嘉明如何從喜、愛、痴到狂？這過程是因為他的味全龍不見了，是他接觸廣島球員後，他們那種球迷為上的態度，是球員拚戰精神，是球團推陳出新的企畫。

在寫這篇文章前，正巧問到某企業成為第五隊的可能性時，得到的回答是「臺灣職棒都賠錢，誰要加入？」（編註：二〇一九年，味全龍宣布重返中職）

廣島隊成立至今，A級球隊有二十四年，但B級球隊卻高達四十四年，這樣戰績下，沒有影響球迷的支持。更重要的是，每年結算下來，這一支隊伍幾乎都是「黑字」，他們是如何辦到的？寫球團經營策略這種文章可能太沉重，或許我們藉由李嘉明故事可以略知一二。

希望這篇文章能發揮一點作用。

5

呦，耐斯巴定！

小朋友很習慣老紳士的出現

習慣於他的投球動作還有他滿意的笑容

媲美迎神賽會的少棒對抗賽

臺南，太陽大得似乎四季不分，也平均地照射在府城的每一個角落。午後，永福國小少棒隊訓練的時間到了，那是紅葉尚未擊敗日本和歌山，全臺少棒運動還未風起雲湧的年代。

但說臺灣少年棒球尚未風起雲湧似乎也不太正確。早在紅葉出現之前，看棒球已經是經濟條件不佳的臺灣人民除了擠進小小電影院外的唯一娛樂，也包括看囝仔打野球。

一九四八年臺北和臺南同時進行市內第一屆學童少棒賽，臺北市參賽隊伍就高達二十五隊，據康寧祥回憶錄（《臺灣打拼》，允晨文化出版）中提及，那時打少棒是一件大事，當年比賽分別在新公園和圓山球場舉行，四月十四日冠軍戰由龍山對東園，人山人海擠爆球場，結果由龍山勝出，冠軍隊伍還遊行臺北街頭好不熱鬧。

臺南方面，一九四六年從廈門回到故鄉的吳祥福回憶，雖然戰後臺南因空襲街頭一片廢墟，但無損人們愛看棒球的興致。那時臺南少棒隊伍主要有立人、附小、公園、進學、永福、協進、成功等校，每當校際對抗賽時，每校都動員學童前往加油，老師也在旁邊「吹鼓吹（號角，喇叭）」，比起迎神賽會毫不遜色。

這麼多學校當中，創立於大正四年（一九一五年）擁有廣大校園的永福國小，顯然是得天獨厚的打球好地方，實力也足以和他校抗衡。通常球隊練球會選在午後太陽不再惡毒的時刻。傳接球、接滾飛球、揮擊，一樣一樣來，就像班級外的課表，按表操練。而大家也習於為常，直到一天事情有了點變化。

神秘的餵球紳士

某天，球場來了個阿伯，阿怕說願意幫小朋友餵球，儘管對方一副紳士樣，你如果是教練，你願意冒著小朋友被陌生人投球砸中的危險嗎？但老紳士顯然說服了教練，或者說，有人能分擔教練的工作也不是壞事，所以就讓他一試，沒想到老紳士投起球來居然非常準，每一顆球都精準地餵進好球帶的位置。

餵球者投得準，打者就能節奏有效的訓練，這是永恆不變的道理，所以老紳士投得準，大家也放心上去揮擊，然後是接下來的日子裡，小朋友很習慣老紳士出現，習慣於他的投球動作還有他滿意的笑容，以及興奮地大叫：「呦，耐斯巴定！」（編註：nice batting）

雖然如此，小朋友還是很好奇地想知道老紳士是誰？他住哪裡？做什麼工作？為什麼會打球？

後來有了點蛛絲馬跡，聽說老紳士住在附近。聽說老紳士是小兒科醫生，這些訊息開始流傳著，但沒有人去向老紳士證實，尤其是小兒科醫生，這怎麼可能，一個醫生跑來餵球？小朋友不想證實，就像沒有人知道白話文大師胡適曾住在永福國小北棟教室一般。

老紳士如果真是小兒科醫生的話，那他幫小朋友餵球的興趣顯然遠超過治病。每年棒球學童來了又走，走了又來，但老紳士依然如往地年復一年出現在球場中。

生命中都該熱愛一件事

有那麼一天，老紳士突然想到他還可以用另外一種方式幫助這群少棒隊

神秘紳士其實是小兒科醫生。（曾文誠提供）

員，他向小朋友說，如果你們牙痛就可以去某某地方找某某人治牙，提我的名字不用錢喔。老紳士相信每天練球的選手應該身強體健，也許不太用得著小兒科，但衛生環境不太普及的六〇年代，牙齒保健的觀念未必健全，也許很需要牙醫的照顧。

「小朋友，如果你們牙痛就去找某某人說我介紹的，不用錢喔！」老紳士說。

似乎沒有太多人相信，不過還是有人願意一試，結果跑去看牙回來的人跟隊友說，真的不用錢耶。

然而人世間沒有多少事情是永恆不變的，環境、人事，進而歲月流逝，或你我說不出的原因都可能會讓一切變質。老紳士後來消失了，那餵球的身影不再成為必然，沒有人知道他從何而來，為何而去。只知道每個人在生命中都該熱愛一件事，也願意為它付出許多。老紳士顯然正是如此。

FOX 體育臺主播侯以理。（曾文誠提供）

一九八八年老紳士到天堂去餵球了，他生前高興有人相信他的話去看牙，印證他說的是實話，更高興那願意冒險一試的小朋友後來當上了少棒國手，而且一路打進奧運，可惜老紳士沒有親眼見到這個小朋友不但打進奧運，還當上國家隊總教練，大學體院校長。

後來人們知道老紳士叫「侯書宗」，他真的是個小兒科醫生，球投得準是因為在日本讀醫科大學時是棒球隊員。他的下一代有牙醫，有小提琴家，不過沒有人打棒球，對侯老先生而言或許是個小遺憾。但現在天上的他，如果看見自己的孫女在體育臺播報棒球新聞時，也許會滿意的一笑。就像古早古早以前，他投出球後看到小朋友擊中球心，高興地大叫：「呦，耐斯巴定！」

6

怪俠秦政德

扛好幾公斤的碑石辛苦爬山，只為做這件事
應該就是怪人吧！

是怪？還是堅持？

用「怪俠」這樣的詞形容自己的朋友，似乎不太好意思，不過以世俗眼光來看秦政德的確是「怪」，事實上初見他時，我也認為他是怪咖一個。後來才發現他的怪，其實是對創作、對生命的一種執著。

至於究竟是怪或是堅持？一開始我還搞不太懂，約莫十六年前，那時他說要做一張紅葉少棒的明信片，其實做明信片不是什麼太了不起的事，但他說那張紅葉村小朋友揮棒，其他孩童圍觀的照片讓他很感動，所以他非得親自去看看，感受當地氣氛不可，結果他所謂的親自去看看，是以騎機車的方式，從住處陽明山一口氣騎到臺東紅葉村，去找尋他要的一切。

如果這種行為被視為怪的話，那另一件我肯定就是執著，對公平正義的執著。

一九九四年二月轟動全臺灣的「文化大學美術系事件」，秦政德正是該事件的主角。

年輕朋友不知什麼是「文化大學美術系事件」的話，先引述解影在其部落格上的文字大略說明：「發生在一九九四年二月，文化大學美術系學生秦政德，因和同學發起成立『藝術法西斯』畫會，提倡自由獨立的創作精神，卻成為系主任整肅的對象。系主任聯合其他老師，讓秦政德在大四上學期二分之一學分不及格被迫退學。美術系學生在經過多次強烈抗議、爭取當事人權益不成功之後，於四月二十八日發動美術系罷課，在五月五日成立『小草藝術學院』，並於五月二十五日宣布接管美術系系辦公室。在學生長期罷課的壓力下，教育部開始介入調查，學業成績頗佳的秦政德才獲得平反，破例復學。當時的文大美術系系主任並因為這個事件而下臺，震撼了教育界和文化界。」

這就是當年事件主要過程。題外話，負責出來協調的教育部次長是前中職會長黃鎮台。此一事件被視為「學生運動史上的轉捩點……將學運從政治議題拉回校園民主」（陳光興《島嶼邊緣》）但重要的是，面前這位當年的學運風雲人物秦政德，不論是十幾年前初識，或是如今在陽明山上和我坐著吃野菜，橫看豎看都不像是捲起千堆雪萬頭浪的人物，穿著打扮倒像是國家公園的導覽志工。

事實上他也從不主動提起「當年勇」，即便你問了，他也只是輕描淡寫地說：「只是不想因校園政治力左右創作而已。」口氣輕飄飄一如七月陽明山的風。

也許在秦政德心中，創作是不該受干擾的。

立碑是個偶然

但這位臺灣首屆美術資賦優異實驗班的學生，小學學毛筆受體罰，大學的學運事件後入伍被政戰系統特別關照下吃足苦頭，還有一連串的求職就業不順遂，對他的創作初心都是極大考驗。

在多重身心折磨與考驗下，某日隨手翻到日文雜誌上，一張青苔小路上立著「心徑生苔」四字石碑的照片撼動了秦政德，立志當畫家從事創作的他，經歷這麼多這麼多之後，心裡的夢是否已然生苔？

直到他在林中立了第一個碑文之後，他發現並沒有。

立碑其實是個偶然。有天送貨途經八里，無意間得知，刻一個碑文的費用遠比他預期要低上許多時，他興起了在林中立碑以傳達自己心境及提點路人的想法。

所以打從小學被體罰後就不再碰的毛筆被重新翻出來，一筆筆寫一筆筆畫，接著和石雕場討論，這過程中秦政德重新尋回已流失許久的創作樂趣，欲罷不能。

從第一塊自立的碑文「苔隱心徑」，到目前為止，多年來從住家陽明山附近，到臺灣的高山群中，秦政德立碑無數，這些石碑上的文字多數是心靈紓發，但也有個人偏愛的，例如他為臺灣棒球立了兩個碑——「紅葉少棒射日」及「臺灣棒球魂」。

不是球迷，只是很愛看

談起棒球，秦政德說他不是球迷，只是很愛看。這句「愛看但不是球迷」的話，聽起來有點像多年前，我去看他個展的某些作品一樣難懂。但他喜歡棒球是無庸置疑的，從他創立「小草藝術學院」發行的復古明信片，有大量的棒球相關作品像「七虎少棒」、「臺灣棒球隊征菲」、「王貞治」中可以看出。

或許對秦政德這一位藝術家而言，棒球除了是童年回憶外，棒球和人生所對照而出的是，現實常會碰到許多岔路要選擇，向左向右都是截然不同的後果，但棒球只有一條單純的路——一路向前、一路回家。

二〇一三年WBC（世界棒球經典賽）臺灣對日本那場經典大戰，臺灣雖然落敗，但雙方精銳盡出高潮迭起，比賽內容感動了臺日不少人，也包括電視機前的秦政德。臺灣輸球，秦政德雖然遺憾，但他卻看到選手展現出的拚勁，那種臺灣棒球魂的表現。

所以他要為臺灣棒球立碑，重燃棒球魂，因此又拿起毛筆，一筆一畫地用心寫到滿意為止，然後再委託師傅刻製。由於他過去做的碑文，曾被刻意破壞。所以這回他將這塊為臺灣棒球所立的碑文，特別藏於陽明山不知名的山徑內。也許對秦政德來說，這塊石碑是神聖不可侵犯的。

立於山林中的「臺灣棒球魂」碑。（曾文誠提供）

不求名不圖利，費這麼大工夫到處立碑文，會不會讓人覺得自己是個「怪人」呢？

看完棒球碑文，臨別前我丟下這個問題。

秦政德說：「是吧！扛好幾公斤的碑石辛苦爬山，只為做這件事，應該就是怪人吧！」

但究竟是怪人，或是一路對創作的執著呢？

我的答案是後者。

7

做一件有靈魂的事

寫雙城已經有心理準備要承受沒有太多人看的後果

但我認為寫其他隊對我來說是沒有靈魂、白費力氣的

最愛雙城的城牆

他的暱稱是「城牆」，城的意思我懂，不就因為他是雙城隊的死忠粉絲？可是「牆」呢？結果他卻說：「我叫陳志強，很小的時候，親戚小朋友看我名字就取個頭尾來當我的外號，沒想到命運的安排，竟和我喜歡的球隊牽連在一起。」

嗄！原來是這樣的答案，跟想像完全不一樣，平凡得令人意外，而陳志強本人也平凡，習慣戴著棒球帽，氣溫若低一點會再加一件棒球外套，戴個眼鏡笑起來十分憨厚，是你在校園常會看到的那種人。

但在我看來，陳志強一點也不普通，或者說臺灣球迷層在結構上，近幾年來產生了很大的變化。三十年前大家進球場看球加油，後來了解了些基本的數據、一些戰術，時至今日不太一樣了，很多的「城牆們」正用他們自己的力量在默默地改變，他們的共通點是高學歷、不錯的外文能力，甚至不乏理工背景，雖然現階段他們能改變的可能只是讓大家看棒球的角度、視野不同，但我相信這個「改變」會愈來愈大。

陳志強的故事是個代表，棒球影響了他，他也希望用自身行動影響棒球。

陳志強，我還是叫他城牆好了，相信他應該也習慣別人這麼稱呼他。城牆剛從師大研究所畢業，現在的他，每天大概花兩到三小時在經營他的粉專，貼文最多的訊息還是以他最愛的雙城隊為主，所以不是基襪，不是道奇或近年熱門的太空人、國民，而是很冷門（球隊所處的地理位置還真的冷）的雙城。

講起來城牆愛雙城和王建民有關，二〇〇六年王建民在塞揚獎票選位居第二，敗給了雙城王牌桑塔納（Johan Santana）。因為這次票選城牆才發現有人比王建民厲害，而且還真的有夠厲害，能叫「神之左手」不會是開玩笑的。也因為追蹤桑塔納，開始看起了雙城的比賽，同時發現隊中有很強的隊友莫諾（Justin Morneau）及莫爾（Joe Mauer），江湖人稱「MM兄弟」，雖然沒有像洋基有那麼多死忠球迷，連賣早餐的阿桑都背得出先發九棒，但還是令人覺得這是支很值得支持的隊伍。

最不會得罪人的回答

其實要經營像雙城這樣的球隊粉專是辛苦的，我認識另一位雙城球迷，但也真的懷疑，他們會不會就是所有臺灣雙城迷的總數啊？

跳開一下，講個很久以前在日本聽來的笑話，說你如果碰到不熟的人，尤其理髮師刀子在手，當他問你支持哪隊？你的答案最好是「羅德」，因為那隊球迷最少，這個答案最不會得罪人。

城牆自然不是怕得罪人才幫雙城加油。但還是要問——也許是年紀到了一個程度，在訪談不同人物時，我老是會挑「現實」那一面去刺激我的受訪者，所以我問城牆的是：「寫一個幾乎沒人看的隊伍，沒有人關注，沒有點閱，那不是沒有成就感，甚至沒有實際收入的事嗎？」想想現今社會，不論傳統媒體或自媒體，第一時間吸引眼球、讓讀者把網頁打開似乎是最高原則，而且好像也不難辦到，下個什麼「驚呆！」「原來竟是！」等標題就輕鬆入手，儘管我本身也不以為然，但就是會好奇，會想問城牆，難道都沒有想過現實問題嗎？

城牆的回答，我真希望遠在海那邊的雙城球團能看到，亞洲的一個島上有這麼死忠的球迷，他說：「我是真心喜歡雙城隊，即便最愛的Joe Mauer已退休，但還是不變，寫雙城時，已經有心理準備要承受沒有太多人看的結果，但我認為寫其他隊對我來說是沒有靈魂、白費力氣的，我寧可只有少數人看到，卻因為我的文章而喜歡這支隊伍，我們一起陪著這支球隊成長。」

又一個說走就走的球團

城牆其實是有機會陪另一支球隊成長的。新北市的新莊有個聽起來很貴氣的小學名為榮富，那天城牆記得很清楚，中信鯨的選手到榮富國小來做校園巡迴，裡頭有高建三選手，這他也記得很清楚，原本不知棒球為何物的城牆，從那天起至少知道什麼是棒球，還有球隊以鯨魚為名。所以誰說棒球扎根沒有用，你永遠不知道你會在什麼時候，因一個舉動讓一個少年愛上棒球。知道有鯨隊後，接著他在家看的第一場電視轉播，是中信鯨對興農牛，那一場鯨隊大勝牛隊，螢幕前的城牆就直接認為中信鯨隊是支很強的球隊，這實在是個美麗的錯誤，但至少以後人家問起支持哪一隊時，鯨隊成了城牆唯一的答案。

從小學開始城牆一直支持著這個球隊，雖然看臺上鯨迷永遠是六隊當中最孤獨的一群，但好像就是有種力量讓他不離不棄，直到二〇〇八年。並不是城牆離開中信鯨，而是中信鯨拋棄了他，中華職棒球團說走就走的例子再加一椿，鯨隊輸給了味全龍後又敗給了兄弟象，拿不到總冠軍沒有關係，城牆和鯨迷都可以再等，但球隊不想玩就什麼都沒有了，連等待的機會都沒了。

消息傳出後隔天，城牆到學校上課，同學過來拍拍他的肩，那感覺像是大夥都知道他和女友分手，而且是被甩的那方。城牆年紀不大，但中職球迷經歷的痛、明星選手涉賭、球隊解散，他一樣都沒少過。

但痛後他沒有如多數人一樣選擇離開，他現在依然常出現在中職比賽場邊，也持續寫文去關心中華職棒，事實上他的畢業論文就是以中職為研究對象：《以眼球追蹤研究觀賞中華職棒球賽之行為：聽障與觀看經驗》。不過更多時候城牆的心還是放在雙城，寫一支讓他深感「有靈魂」的隊伍、儘管可能看的人並不多。

這樣的城牆讓人想到那位皇家隊的韓國球迷李晟宇，支持一支被認為是萬年爛隊的球隊，二十餘年不變，忍受各種冷嘲熱諷，最終看到心愛隊伍登上世界頂端。雙城隊前一次拿下世界大賽冠軍是一九九一年十月二十八日，很戲劇性地在十局下半才拿下一分贏得勝利，那一年城牆尚未出生，下一次呢？也許就是兵強馬壯的二〇二〇年，也或許就這樣一直盼下去……城牆很有信心可以等得到。

新觀念的提供者

在等待的日子，城牆依然慣性地上網、追蹤推特，大半夜守在電視前看春訓賽，然後將觀察所得分享給網友，但和過去有點不同的是，城牆認為以前的他只是個「資訊搬運工」，將網上或其他得到的訊息大意翻成中文，就這麼輸出出去，像個翻譯ＡＰＰ，但現在則是從一個「吸收者」轉為「提供者」的角

城牆與前雙城球星 Brian Dozier 的合照。（陳志強提供）

色，一樣的訊息，但多了他個人的觀點，其中也常見棒球新知的解析。

城牆這個轉變也是新一代棒球迷的縮影，二〇一三年仍是臺大三年級學生的城牆，受邀名為「MLB Dugout」的粉專寫文，那裡是分享大聯盟新聞的地方，城牆在這裡結識了不少同好，而那群同好目前也有不少人是各自獨立在經營支持球隊的園地。同樣的，如果再往前推，他們幾乎也都有相同的模式，一如城牆所說，從資訊搬運工的吸收者，再到新觀念的提供者，而現今這個影響在持續擴大中，因為他們不只靠著文字的影響力，更將它聲音化、影像化。在Podcast的廣播、在Youtube的影像，都可以看到他們更廣更深的傳送資訊。

但重點是，這個影響力會不會僅存在球迷間，只是提供另類看球的樂趣？如是，那就可惜了。近來相當轟動的韓劇《金牌救援》中主角白承洙的弟弟白永秀，因為在網上寫棒球分析專欄而受聘，最後也因為他的專業而改變了球隊選秀策略、選手交易，讓所屬球隊獲得極大利益。好啦！你說這都是演出來的，那現實呢？FOX體育臺的李秉昇曾撰文提到，二〇一七年教士隊聘請了棒球數據網站「Fangraphs」作家卡麥隆（Dave Cameron），藍鳥隊也用了該網站總編輯西斯圖力（Carson Cistulli），光芒也不落人後讓該站的寫手蘇利文（Jeff Sullivan）成為球隊的員工。

更早則是另一家歷史悠久的專業棒球媒體「Baseball Prospectus」旗下眾多分析高手成為各隊挖角對象。而另一專欄作家方祖涵曾提供一個大聯盟球隊徵人的條件，竟是「工作內容以提升組織決策力為目標，將研究結果及研究工具交與研發部、系統設計部門，還有營運部門。我們找的人要有好奇心、可以自我設定目標，並且能夠將複雜的科技與分析結果，清楚傳遞給沒有學科背景的人。電腦、數學、統計，或作業研究的碩士以上學位。必須熟悉SQL語言，擅寫Python大數據語言尤佳。」簡直像是大企業分析師一般。

高手在民間，但也不是民間每一個人都是高手，這當中有重大的差別。不過時代在改變、棒球也在改變，當女性也能進入大聯盟球隊（巨人）當起打擊教練時，還有什麼是不能打破的？未來一如城牆這樣的專業球迷將愈來愈多，但若將他們通通打成一般的「鄉民」，沒有藉由他們的棒球專業在選才、行銷、球迷經營上取得更大利益的話，那將是多麼可惜的一件事啊！

8

瘋狂象迷醫生

球迷看球希望贏，就像醫生看診希望救活病人不都一樣，是天經地義的嗎？

白色醫袍下，鮮黃色的心

臺灣這麼多支持兄弟象的球迷，依「死忠、瘋狂」程度，象迷許偉宇不知會排第幾？

臺灣這麼多醫生，按「視病如親」、「史懷哲精神」排序，許偉宇醫生又會排第幾？

面前的許偉宇是個極特殊的人，白色的醫袍下有顆炙熱的心，鮮黃色的。

三十年來，打從讀臺中一中開始接觸職棒到今天，象迷許偉宇沒有選過其他位置，象隊休息區在哪，他就站在選手上方吶喊。「三十年始終如一」這句話用在走過風雨的中華職棒極其不簡單，以一個受過嚴格醫學訓練，理智到不行的人而言，更是不容易。

三十年來到底看了多少兄弟的比賽？他說：「數都數不清」、「爛比賽看了真不少」。他的心情我能體會，對一個同樣也看了三十年，數不盡棒球比賽的人而言。

很難讓象迷許偉宇去回憶哪一場比賽最難忘，但他卻可以用高亢的聲調加肢體動作，對你訴說許多抹不去的記憶，對於一個第三類組唸醫學的人，你要尊敬他的記性，何況他還是個近乎宗教狂熱的球迷。

那些足以留在中華職棒歷史的事件，象迷許偉宇都在現場。

一九九一年八月二十日，兄弟象迷和三商虎球員在場內鬥毆，並進而包圍虎隊選手巴士。

二〇〇三年十月，中職冠軍戰賽前，象迷因漏夜排隊買不到門票，進而怒砸票亭。

二〇〇八年十月三十日，中職冠軍戰第五場，「林岳平割喉事件」，引發象迷攻擊統一獅球員巴士。

這是其中幾個許偉宇在現場的代表事件而已，講起這些事來，許偉宇像滑手機一樣，很自然完全不停頓，就把當時事件的前因加後果說給你聽，在敘述的過程中，許偉宇很強調一件事，他雖然嘴巴不乾淨，但從不丟東西進場內，因為球場是神聖的，所以他始終相信那一年的獅象總冠軍賽，如果不是統一獅宋姓教練拔起壘包往球場邊亂丟，觸怒了棒球神的話，那麼冠軍是不是兄弟象隊拿走，還很難講。

絕不丟雜物進場內，還有「眾人皆亂我獨醒」的理智。回顧「八二〇」三商虎事件，眼看場面失控，小小的高中生年紀，許偉宇卻是少數還有理智，懂得趕緊去報案的人，也是他這輩子唯一一次的報案紀錄。

白天理智醫生，晚上瘋狂球迷

明星高中、醫學系到住院醫師，即便選擇往所謂菁英的路上走，許偉宇依然是死忠而瘋狂的象迷，這一點沒有改變。但這也是我所不解的，許偉宇和現今世道太不同了，像《麥田捕手》裡的那句話：「生活在這個世界卻不屬於這個世界」，他感染職棒熱情，排學生票進場，聽棒球轉播，和敵隊球迷互嗆，這在年少有熱情時我們都能理解，但受醫學理智訓練的人，為什麼沒有跟隨多數人一起離開？當中華職棒各種狗屁倒灶事件，一再考驗球迷信心、耐心時，許偉宇一直選擇留下，而且立馬秀了幾張過兩天要去看的Lamigo對兄弟比賽的門票給我看，他用行動表示既不離又不棄，三十年來都一樣。

我知道，如果當年考大學前，老爸都擋不住許偉宇看棒球的話，那全世界能更動支持兄弟心的人，只有他自己，所以，即便如人間地獄的住院醫生時期，在林岳平「割喉」前幾小時，許偉宇仍脫白袍換黃衣搭飛機趕去比賽現場，用的是他很難得的休假。

他實在太瘋狂了，按世道理智標準來看，他讓人難以理解。

為何能白天「理智」看診，晚上變身另一人呢？

答案是什麼？

你會不會像我一樣好奇？我直接就問了，但許偉宇沒有答案，直到無意間說了句「球迷看球希望贏，就像醫生看診希望救活病人，不都一樣，是天經地義的嗎？」所以按這個邏輯來看，事情就有點清楚，而他最崇拜的不是選手，卻是脫光上身搖旗高喊對手「死啦」的江大帥，那就不是太意外了。

按這個邏輯來看，他希望有天能到非洲行醫，當個「臺灣史懷哲」，不想

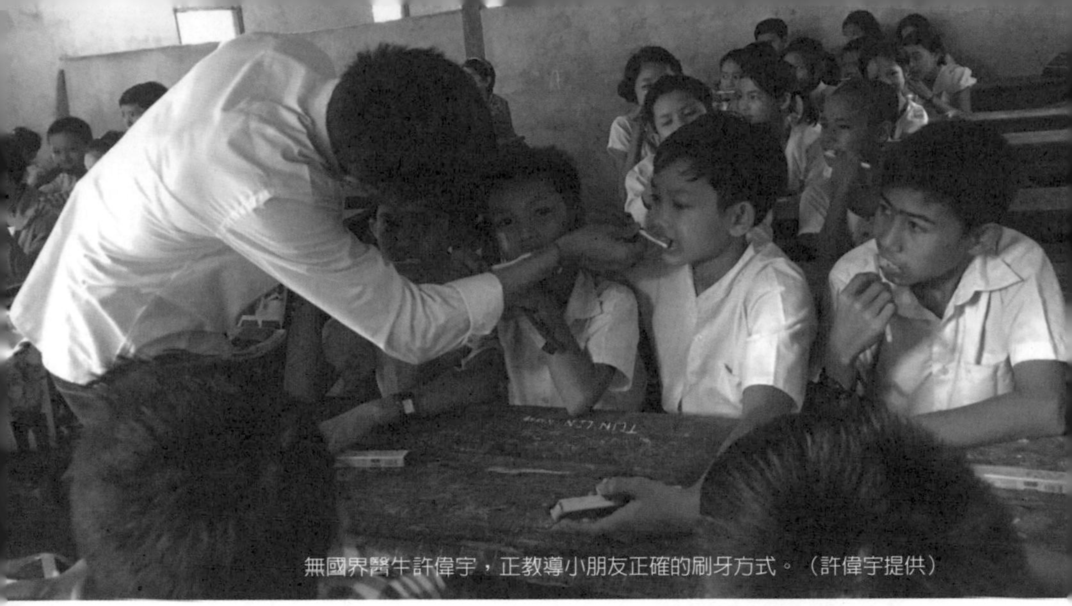
無國界醫生許偉宇，正教導小朋友正確的刷牙方式。（許偉宇提供）

靠醫術賺進更多錢的念頭，也就很正常了。

在救非洲黑人前，許偉宇做了什麼？他從後口袋拿出皮夾子，我原以為他要秀什麼珍貴球員卡之類的，結果是「器官捐贈卡」及「志願捐贈卡」，他面帶笑容，半開玩笑地說一張是早死能用，一張是活久一點能用的。那一瞬間我被他感動了，我也想加入那捐贈的行列、不論是早死或晚死。

但有些是我來不及或沒機會、也沒資格參加的，「洪仲丘事件」他行動聲援，「太陽花學運」他是場內醫療團隊一員。然後近幾年，他在忙什麼？去年出現在緬甸臘戌，今年一下在尼泊爾的魚尾峰，一下卻跑到印度錫金。他不是出國對著鏡頭比YA打卡，而是在「世界最貧窮的土地」上，醫治那些急待救援的人。身為無國界醫生一員，用自己好不容易得來的假，做這樣的事，我個人覺得是了不起的，但他卻回了句：「這沒什麼啦！只是換個地方工作，差別在於要搭飛機加拉車，還有講英文而已。」

而已嗎？至少要把名利看得不一樣吧！尤其搞這麼久才爬上醫生的位置。

人不可能不生病

講話速度超級快，加上他那戴眼鏡的醫生外型，有那麼一瞬間我都以為是柯P坐我對面，只差他沒有用手搔頭而已，這個「柯P二號」對金錢很淡泊，許偉宇說他看過不少有錢的病人，但愈有錢卻活得愈痛苦，壓力愈大，所以他說出門都搭大眾運輸，手上也不戴名錶（事實上是連錶都沒有），對於同學、同業在社群軟體上展示名車，許偉宇呈無感狀態。

生不帶來死不帶去，或許真有人如此看待，而對「死」這件我們常避談的事，許偉宇似乎也有他特別的觀點，他說了句「害怕死亡之時，就是最接近死亡之時」，老實說，以我的慧根真的悟不出這句話的道理，但肯定的是在急診病房多年，許偉宇的體會是和我們大不相同的。

突然之間，我想到的是，對於兄弟象隊、中華職棒，三十年來這麼多有的沒的事件，許偉宇某種程度是否也是這樣看待的，人不可能不生病，只要活下來，就該用最健全的心態面對，繼續往下走，也許這是我很奇怪的連結，但或許是這樣的連結才能稍稍解釋，一位外科醫師能這麼無怨無悔地去支持一支球隊，三十年不曾改變，「愛其所愛、終身不渝」，也許許偉宇醫師一點都不瘋狂，說不定他還是你我所見最「理智」的人呢！

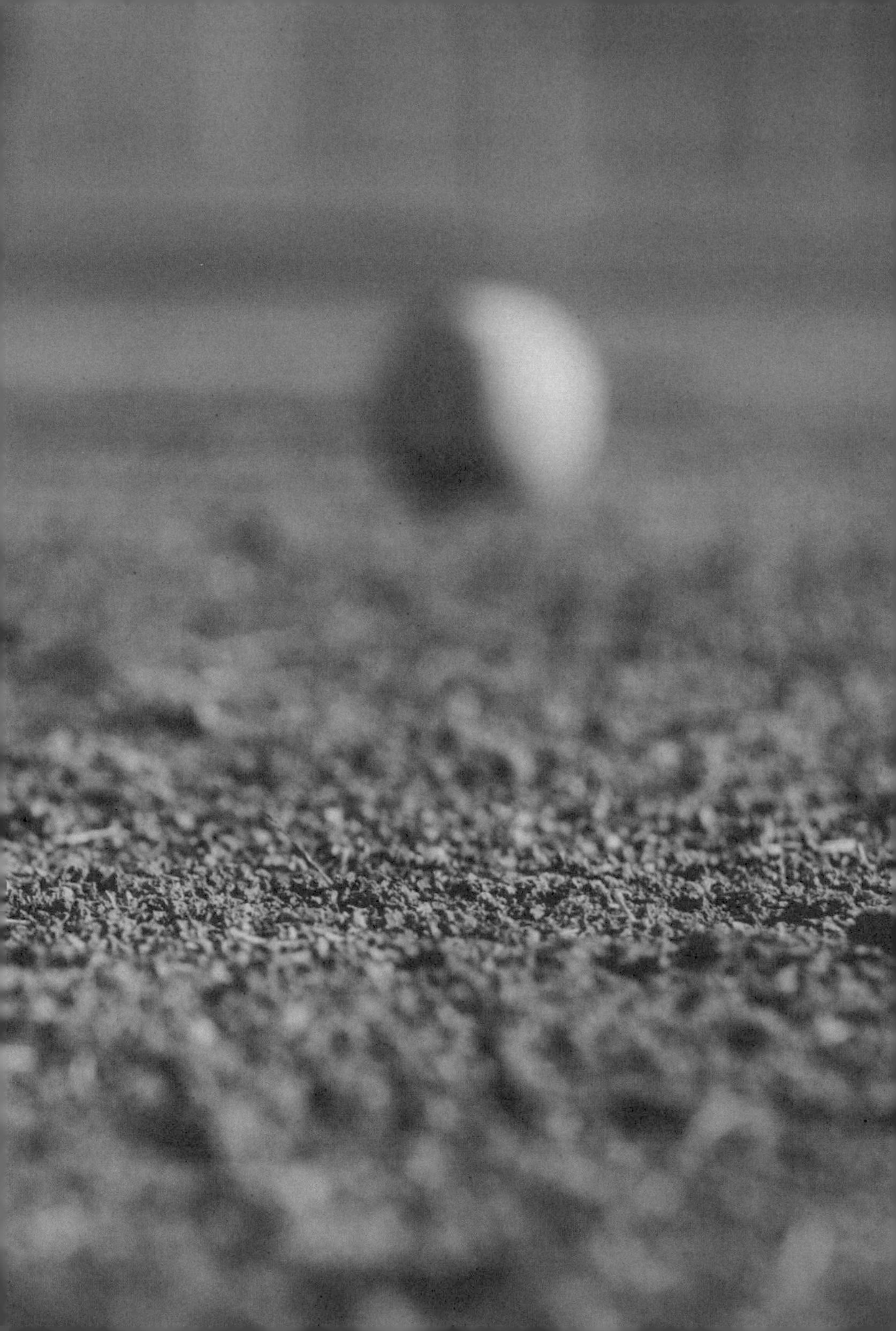

9

想我獅兄弟

「你是聯盟記者？」曾智偵第一個過來和我打招呼所有的一切，在三十年後依然清晰無比

處得好要從小地方開始

「我簡單說幾句就好，大家辛苦了！」領隊郭俊男拿起了巴士上的麥克風，全車一片寂靜。

只是一小時前的事情，但這短時間發生的事可能要痛一陣子。一小時前三商虎隊的鷹俠，把球送到左外野觀眾席，一棒讓比賽結束。在那沒有任何淋浴設施的老舊新竹球場，大夥帶著一身臭味及尚未平靜的心擠進了巴士，目標臺南。

在這寂靜的夜裡，車行速度算快，路邊的貢丸、米粉招牌往後滑去，有一

兩臺機車尾隨我們，他們戴著獅隊球帽，一路快速奔馳，一邊高喊加油。其實很危險，我心裡這麼想著。

看著郭領隊拿麥克風，在我前方的洋將小羅曼，禮貌地把戴起的耳機拿下。走道左側的瑞克也認真地往領隊方向看去，雖然他們完全聽不懂。

我習慣坐最後一排，那擁擠不堪的交通巴士，通常領隊和總教練坐第一排，其他位置也都被固定下來了，尤其資深球員的座位，是沒有人敢和他們爭的。這個球隊資深球員真不少，而且赫赫有名，光是一九八四年奧運國手就有杜福明、宋榮泰、曾智偵、呂文生。

記得到這個球隊採訪第一天，高雄市立棒球場陽光很刺眼，带著採訪記者名片，一個菜鳥記者即將面對大球星，一踏進球場真有夠挫的，心臟怦怦地跳，往日在臺北市立棒球場看臺才能瞧見的棒球明星就在眼前。我好緊張啊！

「你是聯盟記者？」曾智偵第一個過來和我打招呼，「天哪！曾智偵跟我講話。」實在有點飄飄然，更有點受寵若驚，但那一聲問候卻打破了我的不安，如果沒有他那一聲招呼，不知道我還會緊張多久，但就是那一句，很大程度地讓我安心，後來不論是「偵仔」或「偵總」，不管是選手或帶兵成績，外人對他個人有何針砭，那親切的一聲直到今天我仍感激不已。

從曾智偵開始，大家一回生兩回熟，我開始和其他球員有了些交集，然後又找到了拉進彼此距離的小技巧。那時中職請來了退役的中日龍隊教練（忘記名字了）前來巡迴指導，不但白天努力地教攻守，也誠懇地和獅隊選手說，如果有任何不懂的，晚上可以隨時去找他，大概是第二天或第三天晚上吧！我聽說李坤哲等人要去請益，我也成了跟班，想說有什麼可聽可寫的，那一晚他們問了很多，客座教練也答了不少，臨走前，知道我的身分，送了我句往後數十年都受用的一句話，他說：「從我當選手到教練，能和我們處得好的記者，其實是從小地方開始，例如練習時會主動幫我們撿球。」

這句話我記了三十年也受用三十年。

其實我是幾年後才想到，跑日職的記者如果幫忙撿球，應該頂多是滾到身邊就近拾起吧！但我那時很不一樣，簡直是記者兼撿球童（或相反）。那是草創之初，各隊想辦法要湊齊比賽的球員都來不及，哪來多餘的練習生幫忙撿球。所以常是一組人打擊完了，大家全部停下來，然後大夥從外野排成一排往內野前進，一邊走一邊將球拾起，那畫面像極了警方辦案發動大規模搜索。就因為多一個像我這樣的幫手撿球，總是受歡迎的，讓獅隊球員不覺得我是高高在上的媒體，而是跟他們同國的，這是快速拉近我和他們距離的重要因素，甚至到後來我換了主跑球隊，或有機會看球隊練習，幫忙把散落地面的球撿起，這種習慣依然不變。

其實不要說是練習生，職棒開打前，統一獅連教練團都沒有，總教練或首席教練、投打教練都是同一個名字——鄭昆吉。

「Tei San」鄭昆吉

講到鄭昆吉總教練，按現在講法應該尊稱一句「鄭總」，但那時候沒這種說法，我總親切地叫一聲Tei San，老實說初見Tei San我實在有點擔心害怕，他不但皮膚黑而且不笑，臉看來十分兇惡，我懷疑自己把名片遞給他時雙手是抖的。但不久就發現Tei San是天下第一老好人，有屬於他自己的「臺式幽默」，看到選手開名車，就說他家也有「四輪」，一臺機車一臺腳踏車正好是四輪，不等我捧場地笑，自己就哈哈哈大笑。

然後他不會忘了自己過往有多神勇，會指著球場外的建築物說，我以前快把球打到哪裡，這位「校長兼撞鐘」的老好人，總是這麼來來回回忙著，對這支以台電棒球隊為班底的隊伍，老台電出身的Tei San似乎沒有佔到什麼自家人的好處，或許是年齡上的差距，或是大咖選手不少，那種教練和選手的距離感聞都聞得到，我這個第三者反而成為Tei San最好的談天對象，幾次工作之餘我到他那有「四輪」的家裡坐坐時，可以感受他對即將到來的「職業棒球」有些期待，但有更多的不安，尤其知道開幕戰的對手是兄弟象隊時，他說了句「如果不是兄弟有多好？」要面對這支業餘常勝軍、擁有廣大支持球迷的隊伍，Tei San知道這一仗不好打，雖然他也清楚一年要打的不止這一場。

聽說Tei San過去不論是選手、教練甚而站裁判都以脾氣火爆出名，我是後來才聽說有這回事。因為打從遞名片那刻開始他是如此平易近人，包括球場上，也極少見他有任何情緒，即便創下史上第一次八連敗，那慘痛的一輪再輪，沒有太多怨天尤人，有的或許是眉頭更緊了。有那麼一晚我去飯店找他聊聊，只是純聊聊，但他卻把一張紙給我看，是明天的先發名單，口中喃喃自語地說：「不知道這樣可不可以？」我不知該說些什麼，應該說是嚇到了，一個只是第三者的媒體，完全沒立場說話，倒是可解讀Tei San高壓力下的幾分無奈與無助，我沒有深究也沒當面問他。

傳說中的他和實際的個性上差異，是因年齡增長，或是歷練增加，或是一種所謂的「識時務」？就像隔年交出作戰兵符給日籍教練引地信之，或是離開獅隊轉到味全龍當起投捕教練，都一直沒有答案，我應該有機會問出來的，那是二〇〇一年世界盃棒球賽在高雄進行預賽，我找好久不見的Tei San出來喝咖啡，順便做我當時一直在進行的口述歷史，他談了不少過往的豐功偉業，同樣伴隨著他那開朗的笑聲，至於這一段心路歷程為什麼會被我漏掉呢？實在想不起來了，也許是認為有的是機會，所以兩個多小時後我就和Tei San揮手說再見了，結果我們再沒有「再見」的機會了，隔年底看起來永遠身強體壯的Tei San病逝家中，離他帶領統一獅拿下中職史上第一勝才過了十年。

「排骨仔」廖照鎔

是村上春樹說過這句話吧！「有時你和某人說再見時，沒想到是真沒再見了。」Tei San如此，還有那位叫廖照鎔的投手也如此。他的外號叫「排骨仔」，雖然他再也聽不見了，但我想對他說說話。

喂！排骨仔，你在那邊好嗎？

你曾提過最感謝的人是呂文生和我。聽到此言我呆滯幾秒，老天對堅持不放棄的人公平嗎？對於等一輩子都等不到的職棒一勝，你有怨言嗎？有一次上中職官網找資料，都還忍不住打上你的名字，但勝投數的零依然掛在那裡，電腦系統沒有出問題，奇蹟也沒有發生，零還是零，冰冷地顯示在那裡。

喂！排骨仔，我知道你這一生尤其下半輩子過得不順遂，很多事你放在心上很在意，但其中最在意應該就是穿了幾年球衣，但勝投紀錄從頭到尾都是蛋，是這樣情形下，你很愛回憶和郭泰源大戰一比零贏球的業餘往事嗎？又往前推年少的棒球風光歲月，會讓你嘴角不自覺揚起。那時愛聽棒球故事的我總擠在呂文生和你的房間內聽「講古」，這一聽就是一整夜。我愛聽你愛講，好漢喜提當年勇，我也樂得配合，如今想來在你沒什麼上場機會的那段日子裡，我根本就是每晚你固定安非他命的餵食者。

喂！排骨仔，還記得那場在臺中對三商虎的比賽嗎？難得先發的你，隊友在一局上就為你攻下六分，我在記者室心想今天穩了吧！可是六分的領先你竟守不住，那晚臺中夜市呆望桌上的燒酒雞，你應該會嫌酒味太淡了吧！所以是這場比賽完全擊潰了你的信心嗎？對勝利的渴望你不再堅持，還是付錢的球團老闆不再讓你有堅持的機會？總之，你就這樣脫下球服，而我也沒有多說多問你什麼。

喂！排骨仔，有很長的一段時間，從你老隊友的口中聽到你生活並不如意。青少棒、青棒明星選手、成棒臺灣頂尖左投、奧運培訓國手，這些光環都無法替你職棒一勝背書，更別說這些資歷在社會大學根本無用。所以聽到你的消息似乎都不那麼正面，酒精、情緒失控等等，時間愈久情況愈糟。「找時間去臺中看你。」還記得我在臉書上這麼敲你嗎？你很快回ＯＫ，我都可以想像你在回這句時臉上一定堆滿過去熟悉的憨笑。可是臺北臺中這短短百公里，我究竟在忙什麼，一天拖過一天，直到你縱身一躍，我再也沒有機會和你說上什麼。

你在那邊好嗎？

有點感傷是嗎？想我的獅兄弟不該如此，他們帶給我的是人生一段如寶石般價值的存在。

有趣的童健勝

也許又該再回到高雄市立德棒球場談起，初造訪立德球場心情有緊張有興奮，其實沒有好好看看這個有點歷史的練習場地，第一眼見它只有內野四周都是鐵絲網的印象，很像臺北南機場國宅外的感覺，現在回頭想比較像大型的UFC格鬥區，只不過把棒球選手往裡頭裝而已，但什麼都在起步的年代，有內外野，有草皮有紅土，大概就很標準了。

每天從早練到晚，加一個重量訓練結束後，那時住南部的都各自開車回家，曾智偵甚至天天嘉義高雄兩地跑，其他中北部的，統一球團安排了立德球場附近，只隔條街的一個公寓三樓當臨時宿舍，我記得住那裡的有童健勝、吳林煉、徐育炫、廖照鎔等人，大家年紀不會相差太遠，也都很有話聊。

那時練完球，沖洗後我差不多也從臨近的飯店走來串門子，那時宿舍外有個大陽臺，離晚餐還有點時間，幾個年輕選手就裸露上半身在那頭乘涼，有人還直接把下巴掛在陽臺邊往下看，看什麼？沒有整治前的愛河邊有一段風化區，有些女士四處流竄的營業範圍正好是我們往下看的方向，看著那三三兩兩靠著牆等待顧客上門的小姐，童健勝還會估起價來：「左邊這個六百、前面那八百。」這當然是玩笑話，對女性也不是那麼尊重，但那時大家都超級年輕，就覺得好玩，伴隨即將落下的陽光，成為揮汗一天後最佳的消遣。

其實不說別的，童健勝是個很有趣的人，剛從陸光棒球隊退伍，球隊很看好他的將來性，從統一獅把他排到第二場先發，就可以看出受器重的程度，但或許是年輕吧！玩心很重，一直沒有投出預期的好成績，有一回球隊集合，領隊郭俊男在前頭講話，童健勝那比水壺還大的黑金鋼大哥大居然響了，這下真把郭領隊給氣炸了。一九九三年他離開了職棒，跟這件事應該沒有直接關係，成績不如預期，四年只拿下兩勝、近九的防禦率，恐怕才是主因，但他那胖胖圓滾滾的身型及憨笑的臉，一直留在我記憶中。

領先全球的杜福明

講圓滾滾，統一獅沒有人會先想到童健勝，而是杜福明吧！他因洛杉磯奧運一戰成名，更因中職史上第一勝名留青史。一九九八年他接下臺灣大聯盟年代勇士隊總教練，媒體要採訪他，杜總直接跟記者說：「你打電話給曾文誠，我的事情他什麼都知道。」這位同業真打給了我，我還真講了一堆，你就可以猜得出我們之間的交情。

有那麼一段時間，我跟著統一獅訓練、比賽，他是負責從機場接我的「司機老杜」，然後先到他位於鳳山的家小坐，或直接到屏東找位郭醫師做復健，第一次坐他的車，在座位前方我看到一個空紙杯，我問了句：「這是幹嘛用的？」他沒有回答，左手握著方向盤，右手把紙杯拿起，以口就杯吐了口紅汁在裡頭，我看了說聲：「喔！」有事沒事就會來上一口的杜仔，外表看起來極似中南部工地討生活的，也許很多球迷不信，但他是我碰過極其聰明的棒球選手，即便經過三十年我依然如此認為。

那一次在新竹棒球場旁的飯店，他拿著一張像Ａ４紙大的賽程表，嘆了口氣：「這要打到什麼時候？」這是第一年的職業棒球，沒有人有經驗，只能瞎子摸象地往前走，結果杜仔走得很好，一位完全沒有速度的投手，卻是連三年拿了快三十勝，除了沒有機會贏同隊的謝長亨之外，所謂「四大天王」和杜仔對陣全部敗給他，還有一場自願蹲捕終止八連敗。

這是可以很容易上網查到的資料，但我運氣真的很不錯，可以親自聽他聊棒球理念，杜仔說：「投手不動，棒球比賽是靜止的」、「棒球只是一根棒子還有一顆球的簡單運動」，起初聽不太懂這些像廢話的語句，後來很長時間與他相處發現，其實就是一個讓投球簡單化的觀點，例如他的速差觀念，這個似乎飽受不少網友批評的想法，不知是他本身沒有把理念傳達清楚，或是執教生涯沒什麼太過人的成績，或是被視為觀念老派，「丟曲球」反成了笑柄，結果時至今日，大聯盟興起了曲球的投球風氣，我也只能說杜仔算是「領先全球」吧！

回到他那圓滾滾的身材，我老是在想，以職業選手操體能的程度，還有前三年平均一年一百五十局的投球量，怎麼他肚子中間那一坨卻始終消不下？後來有人注意那塊區域了。

話說第二年，統一獅在不被看好的情況下，居然擊敗了味全龍隊拿下總冠軍，球團安排了一趟中國旅遊犒賞大家，連眷屬也都跟著。我們才第一次看到引地教練的夫人，她應該也很驕傲，老公能帶隊得到總冠軍吧！大家都去了，而我這位隨隊採訪也賺到了跟著吃吃喝喝。

那一趟中國行，是因為剛開放大陸觀光不久，所以一切是那麼新奇有趣，廖照鎔在風景區抽菸竟被維持清潔的大媽罰了一元，向來一臉酷相的宋榮泰在遊西湖船上竟做起詩來，還問我如何？但他詩的意境不是凡人能懂，所以只好回了句：「還不錯」。大夥在長江邊拍團體照時，由於人人個頭高大，有人全黑一副大哥打扮，頗引起其他遊客側目。回臺前在深圳，晚餐時我熱情地吆喝大家出去，說這一餐我來付。不久就找了家廣式餐廳坐了一桌，點了好幾道料理，結帳時才驚覺錢包沒帶，忘了最後是郭進興還是鄧耀華幫我解決尷尬，但從此好幾年，獅隊選手遇到我就問：「晚餐要不要請客？」

要回臺灣了，經過中國海關，照例要把外套等衣服拿下過X光檢查，大夥一個個通過後，輪到杜仔，結果海關人員看看他，講了句：「仙伸兒，把身上的腰包拿下來！」杜仔看了海關，沒好氣地把上衣往上拉，根本沒什麼腰包，只有他那一圈大肚而已，實在是太好笑了。

陳政賢與羅敏卿

首次訪問羅敏卿時——是的，我又要講另一個圓滾滾身材的獅隊選手，第一次跟羅敏卿講話是在臺北市立棒球場，那天他到統一獅報到，當年職業業餘一元化領導，為了保護國家隊實力，規定二十五歲以下選手不能打職棒，羅敏卿及陳政賢的加入是件大事，尤其是所謂「羅敏卿退隊事件」後。

先談「小胖」陳政賢好了，我總覺得他像是武俠小說中鑽研劍道的俠客，他的「劍道」自然是手中的球棒，不只一次，看到他在右外野防守時，卻不斷地利用空檔在做揮棒的模擬練習，有一次我拿著當期刊登他報導的職棒雜誌給他，從我手中接過後，陳政賢很快地翻閱，他沒有細讀文字，見文中所附的比賽照片，他自言自語地看著自己的動作後說了句：「擊球點太後面了。」我任職雜誌數年間，採訪了不少教練選手，也都禮貌地送上一本刊物，其中唯一在意自己動作的就只有陳政賢了。

回到胖胖的羅敏卿，第一天羅敏卿到球場，我難免會問他未來有什麼目標之類的問題，他的聲音及答案都嚇我一跳，羅敏卿回答：「我不太會講話，你幫我寫，寫好聽一點。」出乎意料的答案，但更驚奇的是，他聲音之細，發自如此壯碩的身型，實在反差過大！完全湊不起來，如果面前是個大型喇叭，真會讓人懷疑是不是哪條線接錯了。

後來那趟中國之行，某日參觀一古樓，大夥沿梯而上，才到了差不多三樓高，羅敏卿卻貼著牆沒有動，雙眼直視正前方，臉色是否發白沒注意到，但我不免問：「你是安怎？」這個圓滾滾的大個兒說：「我有懼高症。」嗯！這就是你想不到的羅敏卿，隊史首位拿下總冠軍MVP、二〇〇〇年另一次總冠軍戰七場打六支全壘打，幾成臺灣職棒DH代名詞的選手，就是如此古錐。

開賓士的汪俊良

那統一獅還有沒有其他圓滾滾的？好像還有，但這位不論是什麼身材，可不能不提啊！

先說好了，這輩子第一次坐上賓士車可是拜他所賜，好像是Tei San請他去機場接我的，三壘手汪俊良開著他的賓士車到小港機場接我，果然職棒選手就是不一樣，我坐上去是這麼想的，但後來才知道，能開賓士車的也不過只有他及三商虎黃世明，不像如今這款三戟標誌的車滿街跑，三十年前，不到三十歲能坐一趟賓士，雖然不是自己的，還是開了大洋葷。

後來倒不是刻意巴結這「好野人」而建立好交情，而是幾趟接送多了深談機會，如果你印象中南部人多半忠厚老實，那汪俊良顯然符合你的期待，而且他也極「務實」，有一次我們在高雄餓了想找東西吃，汪俊良開著他的豪車在路邊停下，店家一看賓士來了，招呼很是熱情，結果汪俊良點了兩碗米粉湯，他一碗我一碗吃完就走人，留下老闆稍嫌錯愕的表情。

雖然手握賓士方向盤，但想起汪俊良，總是記得他那樸實還有愛家的一面，有時從北部賽程結束，跟著球隊移動的我，沒有選擇住飯店而是去杜仔家打擾一晚，有時則去汪俊良家擠一下，每次一回家，他的行李球具一放，都還沒梳洗就衝到嬰兒房去看寶貝兒子，那一幕有種老子打拚就為了你的感覺，當時看與事後回想都是很動人的一幕。

後來幾年下來，不僅和汪俊良交上朋友，他在職棒元年前幾個月才出生的兒子汪宗佑，也是跑進跑出地像小跟班，我特別疼他。有一回獅隊來臺北比賽，小宗佑被媽媽帶來，我就帶他去反斗城買玩具，同行的還有郭進興和他女兒郭婷筠，是的，就是臺語歌手郭婷筠。一開始我是牽著宗佑進商場，結果見到成排的玩具，宗佑就像脫韁野馬般抓不住，最後只好抱著，郭婷筠看著也要求抱抱，可是我實在空不出手來，結果是一旁的我女友（後來成為老婆）伸出援手，如果早知道她後來變成歌星的話，當年真該好好抱抱她的。

太太餵球的賴崇光

汪俊良有個好兒子，也有個好朋友，隊中的捕手賴崇光，兩個人同年，同樣從美和青少棒一路同隊到台電，根本像是穿一條褲子長大的。有一回隊中洋將驚覺臺北Sogo百貨的中文字長得好像賴崇光球服背後的名字，開始叫他「Sogo」，這個外號就這麼一路被用到現在。Sogo早年住屏東潮州一帶，身為隊中二號捕手，要寫他的機會並不多，不像他換帖的好友汪俊良擊出中職首轟而在歷史留名，且成為職棒雜誌的封面人物。賴崇光能寫的新聞點實在不多，他總是這麼安安靜靜地做份內的工作。即便如此，我還是想多了解他，我是這麼想的，寫不出來應該不是被寫的人問題，而是下筆的努力不足。

休假時我跑去屏東找他，因為沒有交通工具，所以搭了臺汽客運後還得麻煩他去載我。他家是個透天厝，門口有個小空間，坐定後我們一邊吃水果一邊聊，至今記得水果好甜，我那時才發現賴崇光很能聊。席間他說了件事，職棒沒有成立，在台電上班打球的他，為了補貼家用，假日還去市場擺攤賣魚，現在有職棒了，就能專心打球，言下之意是很珍惜現在，又是一個很惜福的人，聽到後我心裡是這麼想的。

聊得再愉快也總是要道別，出門前同樣要先經過那塊小空間，我對坪數這種東西沒什麼具體概念，不太清楚有多大，但擺臺小型車應該沒什麼問題。此時我才發現這空間的角落掛著一大片網及散落一旁的球，好奇的我問了句那是什麼？得到的答案是「賴崇光打網的練習區」。「打網？」那誰來餵球，一旁的太太說：「我啊！」我以為是開玩笑，結果是真的，夫妻倆就立刻為我示範。

知道嗎？賴太太高跪姿，右手把球平推送出去，正好是老公很好揮擊的腰部前位置，也太專業了吧！比起隊中的教練真是毫不遜色。我認真的想有多少選手的老婆會做這種事，不是做好這件事，而是甘心做這件事，平常家務事就忙不完，還得「陪練」，著實很感動，當然賴崇光也不容易，打從成棒台電隊開始，就在曾智偵的巨大陰影下，還是不放棄地希望能追上一號捕手的腳步，尋求一絲上場機會。

三十年後我在統一獅的活動中遇到Sogo，和他聊起當年那件事，他很意外我還記得，卻也苦笑地說：「一直練好像也沒什麼用，在職棒都沒留下什麼好成績。」當下不知該用什麼話安慰他，但仔細想想，後來賴崇光離開職棒圈，經營運動用品相當成功，不就是這種踏實的態度所換來的嗎？以前他缺少機會，現在命運可是掌握在他自己手中。

常駐一九九〇的回憶

三十年了喔！看過小川洋子的《博士熱愛的算式》這本小說嗎？博士因意外之故，短暫的記憶最多只能停留八十分鐘，八十分鐘後一切歸零，唯獨對棒球，他可以一直停留在遙遠的一九七三年，那偉大投手江夏豐的年代。

我沒有出過什麼意外，但我的記憶似乎也常駐一個時間點，在一九九〇年那穿著豔綠球服的一群選手身上。那一年他們不知道如何打職業棒球，因為沒有人有經驗，我不知道如何採訪職業賽事，同樣也沒有人有經驗，理論上我們是工作關係，但更多的時候像一起打拚的夥伴、同樣要克服職棒初期的「篳路藍縷」。所以我記得一場在臺南的比賽，我們早到了，但那天上午場地在辦慢壘比賽，一群職業棒球選手就趴在欄杆邊，看著人家打慢壘，一直等到比賽結束。全世界要等慢壘打完才輪到職棒的，恐怕只有我們有這個紀錄。

還有我們要全省辦球迷會拉近支持者的距離，地點有時選鐵板燒餐廳，有時選飯店的空間，來的球迷男女老少都有，還有辛苦的後援會成員，只是我們都沒想到，也沒有任何人會想到，這其中一位後來將成為中華職棒的傳奇球星。

還有我們一起笑過葉福榮投手，在府城人面很廣的他，第一次職棒初登板在家鄉，不知去哪號召那麼多人送花圈，大大小小的排滿球場前一整條健康路。「舞廳小姐要登臺嗎？」大家一邊看一邊說，我們簡直笑壞了。

還有和洋將溝通的方式也常逗樂我。三天後要先發，鄭昆吉總教練跟瑞奇說：「you、tomorrow、tomorrow、tomorrow！」還有那一次，瑞克二壘安打，一壘上的汪俊良沒能跑回來得分，瑞克有點不太高興，大夥要和瑞克解釋安打不夠深遠所以沒有得分，半天沒有人知道該怎麼說，情急之下陳耿佑說「you、you、no long！」這是個沒有翻譯編制的年代，但溝通無礙。

還有還有，要跟著你們移動跟著你們一起住，沒有人規定我採訪新聞要做到這種程度，但我深覺這就是最貼近你們的方式，但最後好像是太貼近了，每次去房間串門子聊天，就看你們在觀賞飯店播放的「愛情動作片」時也不把門好好關上，或剛洗完澡的你們，就這樣光溜溜地在我面前晃來晃去，那就別怪我後來不論幾年，遇到你們總會說：「我還不知道你們身上有幾根毛？」

但貼近你們依然利遠大於弊，多少的棒球知識是在那一夜夜賽後深談獲得的。像那晚要了解一壘手的守備移動，在鄭百勝的房裡整整耗了一晚，是真正的一晚喔！一直到天亮。鄭百勝這傢伙真的是奇才，平常練球兩三下就不見人了，但比賽總是打得出來，「天才型球員」這種人也許真的存在。不太練球而且好像也不太愛睡覺，整夜泡茶聊天，房間裡隊友來來去去「翻桌率」極高，但他老兄就是有辦法一人獨戰群雄，那晚我總算見識到了，雖然問到我想知道的技術解答，但不愛喝茶的我也喝到快吐了。

可惜了，郭進興

想說能記得的事好多好多，像你們都管他叫「李麥克」的李坤哲，戴著眼鏡一臉斯文，但開起車來像電視影集《霹靂遊俠》中的李麥克，那一次從臺南搭他的便車到高雄，我玩笑話地問：「二十分能到嗎？」統一李麥克卻當真，那趟路我後背始終貼著座椅，雙手吃力緊握，有給它嚇到，很怕那是人生最後的二十分鐘。

還有，我覺得好可惜的郭進興。

直到今天，我仍認為郭進興是中職史上最棒的投手，稱不上偉大，但就是很棒，球速剛猛、控球精準，還有無人能及、如火燒般的鬥志，而這把燃燒鬥志的火苗來自何處？

有天在飯店裡，他跟我說了個故事。到日本第三年參加公司所辦的新人研習營，有一天中午，全體學員被叫到外頭湖邊，地上的雪積到膝蓋那麼厚，在帶隊講師講了一段話後，日籍學員一片譁然，日語不精的郭進興還以為是講師說了這個湖的典故才引起驚嘆，可是當學員一個個把衣服脫掉時，郭進興才發現情況不妙。

原來是講師要求大家把衣服全脫了走進湖中，郭進興心想，這種天氣連坐在教室裡都覺得衣服穿太少，更何況要脫到一絲不掛，然後走進冰冷的湖中，

「那不是自殺是什麼？」

但這只是想而已，當所有人都走進湖中，只剩郭一個人時，他知道這件事是躲不掉了，「都到這個地步了，他們是人我也是人，更何況不能讓日本人看笑話！」念頭一轉，他便打起精神脫掉衣服一步步往前踏。

在狂打哆嗦的湖中，郭進興聽學員唱著歌，大意似乎是說：「事情不是光用嘴巴說、眼睛看，你要親身去體驗才知道」、「做不到的事情就不是事情，既然是事情就做得到，問題只是你要不要做」。郭進興說自這件事後，他的人生突然改觀，想像永遠比實際可怕，脫衣服進冰湖中是會死人的，這是想像，而實際呢？當你走進湖中去體會就完全是另一回事了，所以那趟新人研習之旅結束後，他真的改變了，什麼事都拚盡全力，一上場就全力求勝，「還沒有打怎麼知道會輸，拚了再說！」幾乎成了他的口頭禪。

郭進興是有機會名留中華職棒歷史的，單季二十勝、最多勝投手、最佳救援投手、最有價值球員，種種獎勵與榮耀都集於一身，並攀上夢寐以求的高峰時，他卻急速墜落乃至消失。

後來這顆求勝心是不是變了？他選了一條事後自己都會反悔的路，問題的答案只有他最清楚。可惜了，我心中中職最強力的投手。

「郭大砲」郭俊男

更不能忘的是，大家的共同回憶，郭俊男領隊。

第一次和郭領隊正式碰面是在統一總公司，那是正式採訪的工作，我以為官式訪問應該沒多少時間就能結束，結果郭領隊一講就將近三個小時，原本以為頂多是桌球單打賽，結果卻打了九局的棒球，從辦公室一路說到集團餐廳再回辦公室。

有時我覺得郭領隊沒有從政實在太可惜了，他真的是能言善道，一心一意想要加入味全龍的謝長亨，最後就是被郭領隊說服的，那一年統一獅在史無前例的旅日選手「分配會」上，第一指名挑中謝長亨，但他加入的意願似乎不高，甚至有一說，他也不排除再回日本。

有天下午我聽到消息，這或許是二十四小時跟球隊的好處，得到沒人知道的訊息，郭領隊和謝長亨夫妻約在老爺酒店面談，當下我判斷以郭領隊的談判能力，應該可以打動謝長亨才是，我就約著攝影同仁，帶著借來的葉福榮球服前往老爺，為了不打擾他們，我們只能躲在一旁，我心裡有底，謝長亨應該不會那麼快就回心轉意，而郭領隊又是一個能講能磨的人，可能要耗上一段時間，結果耗的時間遠遠超出我的想像，要命的是郭、謝等人的座位就在化妝室旁，那代表什麼，代表我們必須有忍尿的功力，一直到結果出來。

等再久總是會有答案的，就在我膀胱快爆裂的時候有結果了，而且是好結果，當躲在一角的我們看到郭領隊面帶微笑和謝長亨起身握手時，我們快速地迎向前，面對有點嚇到的三人，趕緊說明來意，而且很快地請謝長亨穿準備的

LIONS
1991年
職棒明星月曆
只送不賣
謝長亨
一生能有幾次選擇？
職棒選手泡茶大賽
「壺」林盟主誕生！茶癡列傳
涂鴻欽，別把自己三振了！
職棒明星綽號大觀園
弟兄們，耶誕快樂！
本售價90元
21

當期職棒雜誌以謝長亨著統一獅隊服為封面。（曾文誠提供）

統一獅球服拍照，那照片就成了當期職棒雜誌的封面，而我也在那晚快筆寫下封面故事，嚴格說來是獨家故事。而郭領隊也成就了隊史首位百勝投手入隊。

郭領隊口才好，也善於說服人，說到他的好口才，應該是我畢生僅見臺語最輪轉的人，即使謝龍介在他面前想跟他ＰＫ，我看也是「歪嘴雞想要食好米」，這什麼意思？就是不自量力，這句話是從郭領隊那裡學來，還有什麼「臺南迎媽祖——無奇（旗）不有」、「六月刈菜假有心」，每次跟他聊天總會學那麼一兩句臺灣俚語，實在很妙，總讓他的敘事有畫龍點睛之效，如果早一點有youtuber，他在上頭講每日一俚，成網紅絕對沒問題。

郭領隊善用俚語引經據典，另一方面他作風也極其強勢，他愛用那句「不然我們統一就不要玩」去爭取他要的，儘管大家都清楚統一要不要打下去不是他說了算，但還是有用的，因為他的目標很明確，即便可能和戰力沒有直接關係的，他都著手修改，那隻吐著舌頭看起來可愛但氣勢不足的獅子LOGO，便

一心打造統一獅的郭俊男領隊（圖中）。（曾文誠提供）

是改成尖牙利嘴的兇惡狀。直接牽連戰力的更不鬆手，所以他突破禁令拉進了陳政賢、羅敏卿，讓其他隊同意統一可以同時三位洋將上場，不經選秀搶來郭進興，之後，更興建路竹練習場，自辦選秀成立二軍，他眼光放得遠、步伐跨得很快，有些或許因為環境影響效果不彰，但獅隊是真的變得不一樣了。

郭領隊為球隊連戰皆捷，如果說有任何「敗投」紀錄的話，我那一次不知算還是不算？在統一獅兵強馬壯之後，郭領隊也打算擁有自己的刊物，為球迷服務為球隊行銷，且取名為「獅子棒」，那時希望有位全職的主編負責，郭領隊把腦筋動到我身上，一兩次面談後，郭領隊誠懇地提出優渥的條件與誘人的薪資，最後我還是考慮到家庭而婉拒了，但從中卻感受到一件事，難怪郭領隊能找到這麼多好手加入統一獅，只要他覺得有需要、值得的人，他可真的是很敢給啊！

從就任的第一天起，郭俊男的心思放在把一支積弱不振的球隊快速地變身成爭冠的常勝軍，郭俊男當過學校老師，「言教」是他最常用的方式，就像這一晚，在領先百分之九十的時間，最後一刻卻被鷹俠再見全壘打丟掉勝利，郭俊男是和所有人一樣難以接受，但他依然拿起巴士上的麥克風鼓勵眾人，而我在最後一排看著這一切。在這寂靜的夜裡，車行速度算快，路邊的貢丸、米粉招牌往後滑去，有一兩臺機車尾隨我們，他們戴著獅隊球帽，一路快速奔馳，一邊高喊加油……

這一幕，還有所有的一切，在三十年後依然清晰無比。

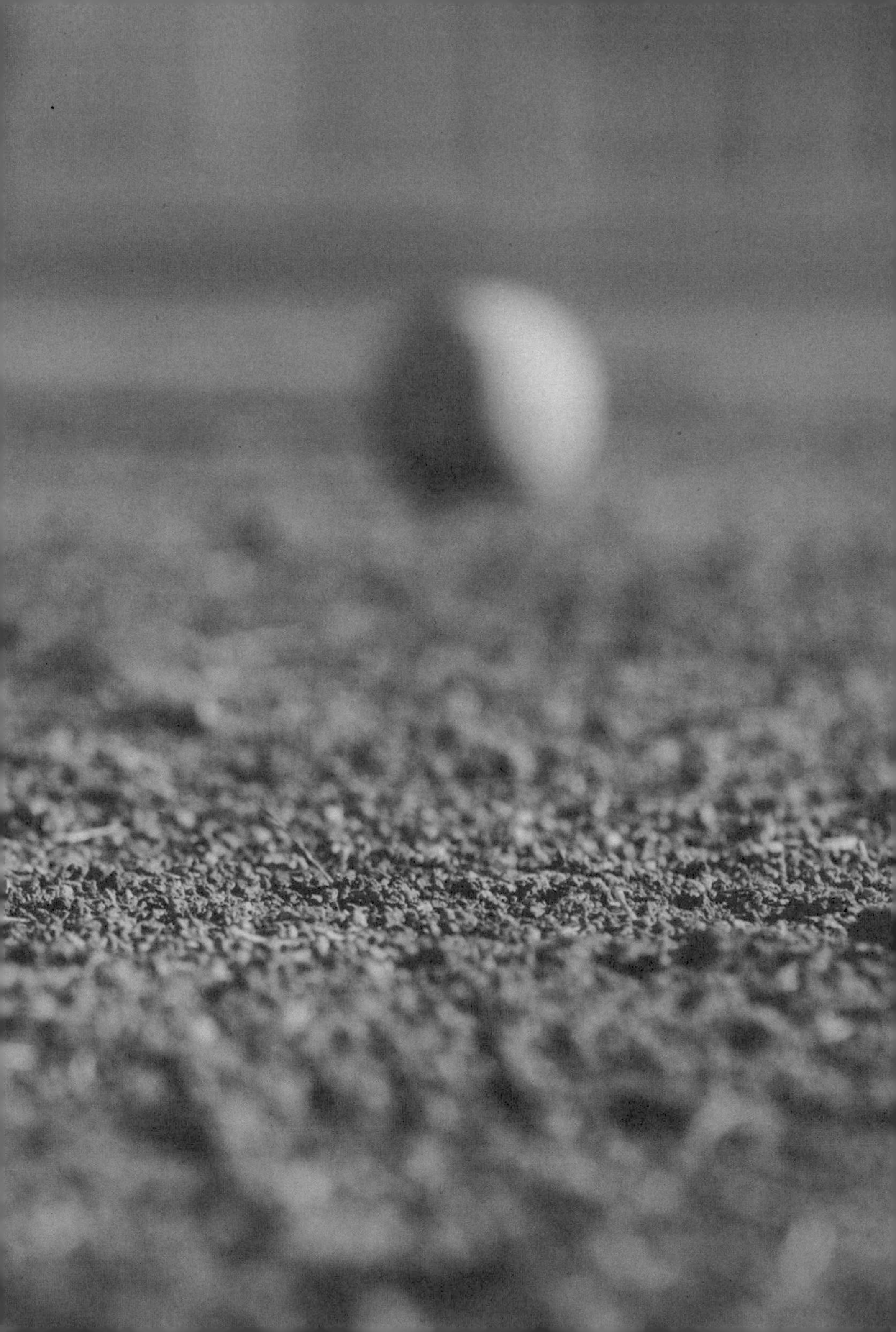

10

贏在終點

郭李建夫：「最感謝的是劉明光教練。」
王建民：「劉教練我好想你。」

直上直下的小白球

看過賽前球隊守備練習嗎？在六到七分鐘內，教練依序將球打給每個守備位置接，最後則是打出捕手上方的小飛球來收尾，但這也是最難的，不是接的人難，而是打的人技巧要高，小白球要讓它直上直下，細長的教練棒要擊中僅有圓周二十三公分的白球，位置、力道、角度缺一不可。這正是考驗教練功力的時候。

多數的球迷不在意，大家只是等著比賽趕快開始。

但重慶國中的劉明光教練在意，他會一次就把球擊得很完美，捕手「啪」

的一聲將球接進手套中，觀眾雖不在意但看到也會響起如雷掌聲，那會帶給球隊贏球的氣勢，一如二〇一〇年ＬＬＢ世界青少棒賽，那一年以重慶國中為班底的中華隊，拿下冠軍。

劉明光教練很是以他擊球打向守備球員，讓他們練習的能力為傲，因為這一點他是下了苦功在練，即便在球隊正規訓練之外，他也會一支教練棒、一簍球偷偷練到滿意為止。

而「偷練」這兩個字似乎成為劉明光棒球生涯的縮影。

聽過這種說法嗎？長得不好看的人收入就會比較少。根據經濟學家Daniel Hamermesh的研究，容貌低於平均值的人，每小時會少賺9％的薪水，這是顏值造成的不公。所以，「人生而平等」這句話，基本上是有問題的，尤其運動場上，身材差異會左右最後表現，這是大家都承認的現象。至少，在出發的起跑線上，就是一個不公平的開端，好像上帝一開始就將身型不如人的人，丟到選秀第二十輪的位置一樣。

劉明光教練小時候的外號叫「霸告」，不是因為他真有一百九十公分的高度，而是一種接近語言霸凌的反諷。事實上，如果你看到劉教練本人，不論你事先如何想像，他都遠比本人預期的還要袖珍。

這樣的小孩，棒球路是如何開始的？

別人玩我就練

其實和多數棒球選手一樣，劉明光接觸棒球，在小學階段純粹就是好玩而已。國中時，他讀的是花蓮美崙國中，美崙這個地方原住民稱之為鯉浪，日本人來後將其改為米崙，戰後則被雅化為美崙。但不論是什麼名稱，好山好水好地方是不變的。在廣大校園裡，劉明光玩起了單槓，一上一下隨隨便便就是十幾次，這可讓體育老師驚呆了，看中他的強大臂力後，問劉明光「要不要打棒球？」這看似問句，但其實是不容搖頭的肯定句。

但重點不是能不能打棒球，而是如何將它打得好。劉明光回憶，國小畢業時他身高超過一百五，到了國中一千多個日子以後，看著同隊隊友，每天早上起床腳趾頭離自己愈來愈遠，但他卻是用尺怎麼量還是那一五〇左右的身高。

「身材不如人就要學會多努力。」這是劉明光在帶重慶國中棒球隊會鼓勵選手的話，但他在國中時代，卻得自己琢磨出這個道理，別人笑要當耳邊風，要練得比別人更敏捷、速度更快、擊球更確實，不是國中階段而已，一直到被吳祥木教練挖角至南英棒球隊後，他也始終這麼執著。

自己可以選擇怎麼做是自己的事，但有時事情也沒有想像這麼簡單，因為環境或同儕的態度可能都會左右你的信心。那時的正規訓練課程大家都練得很勤，但結束後就不一樣了，多數的隊友選擇「放鬆」自己，尤其在南英，吳祥木教練雖以嚴格著稱，但再嚴厲的教練也不可能二十四小時盯著，所以晚上就是放牛吃草的空檔，劉明光就是利用這段時間「偷練」。當他在回憶這一段時，臉上看不出有任何表情，有點輕描淡寫地說：

「別人出去玩我就練。」

「別人笑我傻，我也不管，也不能叫他們閉嘴，就只要練就好。」

一副好像本來就該這麼做的口氣。

其實我有點想追著問，一次練多久，要怎麼算才是練到自己滿意？但沒有追問，對於一個決定要走和別人不一樣路的人來說，是好像有點俗氣的問題。

儘管講得很淡然，如果我們試著回想當時的情境，一個玩心正重的青少年，當大家都呼朋引伴出門去，他卻得忍受寂寞還有隊友的冷言冷語，在昏暗的燈火下揮擊，並不是件容易的事。

顯然劉明光熬過來了，他用多出來的時間追上和別人的身高差距，日本導演北野武說：「努力不一定能成功。」這是句看盡人世百態的真實話語，但劉

深受球員愛戴的劉明光教練。（曾文誠提供）

明光卻從自己的例子，從另一角度闡明「不努力卻一定失敗」的道理。

劉教練我好想你

本身體會出的道理，會不會影響他帶兵的哲學與教學的想法？我試著問。

劉明光教練承認有，尤其他現在執教的是國中這個階段，不論是過去榮工或現在重慶青少棒，孩子的身心都還在發展當中，是往上下往左右都不確定，不要太早定論孩子的將來性。他舉榮工時代的兩個例子：梁如豪和羅國璋，前者瘦得像兩腿快撐不住上半身，後者則是個頭跟小學生沒兩樣，但後來發展卻是各在棒球領域佔有一片天。

個兒小的不能放棄，就像他一路的成長；而身材條件優異的，更是一塊寶。「如果我的體格像他那麼棒該有多好？」這是劉明光自小看著別人常發出的嘆息。

先岔開話題，劉明光的父親身高超過一八〇，母親則是一五〇左右，在二分之一的機率中，老天讓他抽中媽媽這一邊，這也是沒有辦法的事，至少他遺傳了母親一切都很拚的個性。

回到剛剛所說的，身材佳是練武的奇才，不論是為自己的教練成績或是臺灣棒球的未來，劉明光自然會多想盡一份心力，而其結果則是郭李建夫在得到奧運銀牌接受媒體訪問時說：「最感謝的是劉明光教練。」王建民上個月託人送了數個簽名球給他，上頭還寫著「劉教練我好想你」，兩個大球星的舉動，讓劉明光覺得身為一個教練，過去的付出就非常值得了，儘管基層教練經常是被忽略的。

但在我眼中，劉明光教練沒有被忽視，他用努力證明，自己雖然輸在起跑點，但贏在終點。

11

女子二刀流

身材最嬌小，但看起來最有自信
如果是男生一定是職棒選手的料

棒球—壘球—棒球

迎面走來的謝鈺瀅身材和我預期的一樣嬌小，不過一百五十五公分的身高在棒壘球界不算太特殊，但她眼神卻是炯炯有神，流露出十足的自信，我認識的棒壘球女子選手很多，卻很少看到這般氣勢。

鈺瀅是三位加入日本職業女子棒球隊選手之一，卻是身材最嬌小，但看起來最有自信的一位。

自信是優秀運動員不可或缺的，這種眼神，過去在訪談旅外的女足球員曾淑娥身上曾見過。但鈺瀅和曾淑娥走的路很不一樣，話題難免從如何接觸運動開始，訪談前我先做了一些功課，但顯然不太夠。她說參加的第一個運動隊伍是棒球隊，這和預期的答案不太一樣，一直以為她是壘球選手出身的。

目前臺灣參與女子棒球選手的來源，大致分為兩大塊，其一是沒有科班運動基礎，純因喜歡打棒球而投入，應該是目前臺灣對棒球最熱血的一群。其二是壘球選手轉換跑道的，一直以為鈺瀅也是如此，結果小學她就是棒球選手，而且臂力不輸給男生，所以守備位置是投手也是捕手，因此比賽過程中，常見投手投不下去，就換她從捕手位置走上投手丘去後援。

聽過「陸冠芝」這個名字嗎？這位當年轟動一時的棒球美少女，不但長相甜美而且是所有少棒選手中最頂尖的「二刀流」，但小學畢業後，陸冠芝沒有繼續打棒球而改攻高爾夫。

鈺瀅也是一樣，或是所有少棒女選手離開小學後的共同命運，國中沒有女子青少棒隊，使得她們必須做出兩種選擇：放下球具或改練其他項目。鈺瀅決定參加也是四個壘包的壘球隊。

原以為這一決定就會到大學畢業，但不到六年的時間，高二那年她又重回棒球懷抱，而且一舉當選二〇一四年世界盃國手。

另類的二刀流

回顧這段歷程，能成為棒球選手也是她首次穿國家隊球服，是北市大教練林啓川認為有棒球底子的她可以試試看；一位高中生會和北市大有關係，則是因為壘球高中聯賽，她的表現，讓北市大發現她的身手，希望鈺瀅有空到臺北跟著壘球隊練球。沒有想到壘球練著練著竟有機會插花打棒球，而且一舉當了國手。

棒球周長二十三公分，壘球是三十一公分。壘球壘包距離是六十英尺，棒球則為九十英尺。從棒球到壘球，又回到棒球，鈺瀅要適應的就是這些差距的

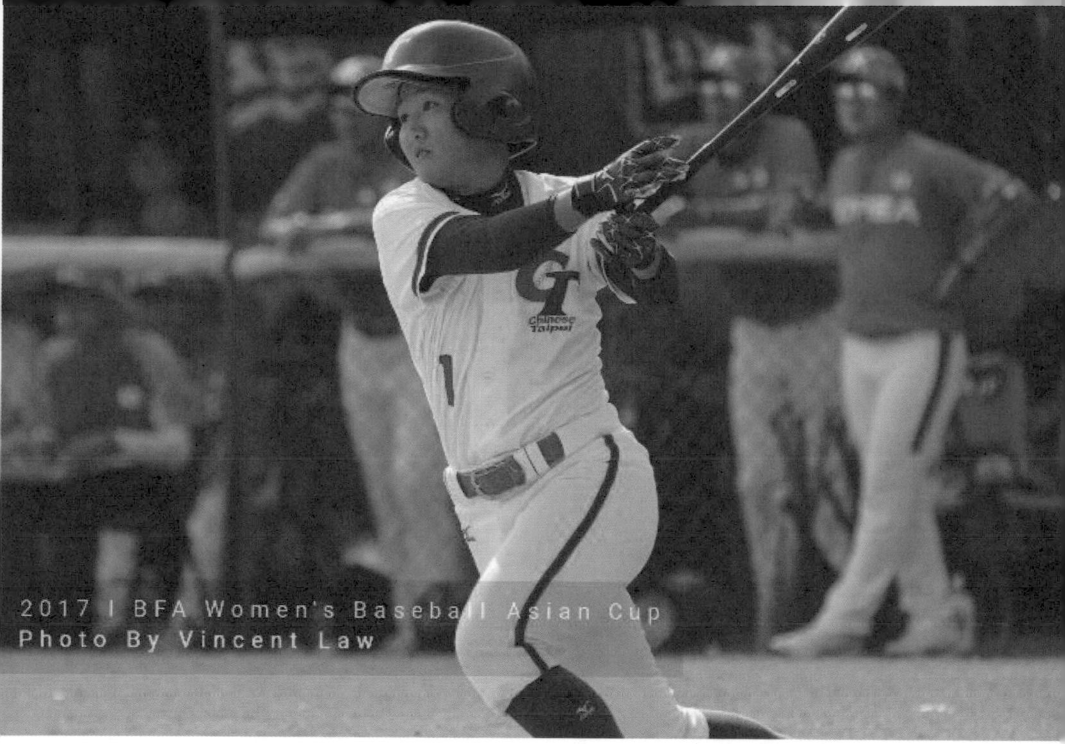

身穿中華隊球衣打擊的謝鈺瀅。（謝鈺瀅提供）

轉換，從棒球到壘球，她必須調整投捕手間的距離，面對投手的超快速球，她如何想辦法擊中球，以她的腳程上壘？等從壘球回到棒球時，壘包與壘包之間，會讓人有那種球場超級大，對跑壘及傳球都有很大壓迫感。

但鈺瀅像開關切換一樣，沒什麼過渡及適應問題，以前我們管這種兩項球類都打得好的人，叫雙棲選手，不過以目前最時髦的說法，鈺瀅應該是另類的「二刀流」，事實上，她也真的是投打兩端都出色的球員，鈺瀅不僅是中華女棒主力投手，而且還是第一棒開路先鋒的角色。二〇一六年世界盃中華隊總教練蕭文勝提到謝鈺瀅說：「整個比賽都靠她一個人打。」

能投能打能跑，一方面來自於天生的協調性，另一位教練吳世賢形容她的協調性是：「如果是男生一定是職棒選手的料。」她還有相當好的臂力。剩下呢？自然就是好選手都具備的，練得比別人多及更好勝。

談到好勝，鈺瀅說從小她個性就是不想輸人，不想輸男生，即使在柏油路面練習，她照樣做滑壘動作。長大則是不想輸同輩，這也影響到她球場上的表現，也守游擊的她，只要有機會一定試著撲撲看，到最後這種每一球不放棄的精神也感染了隊友。

為女棒開出一條路

或許這種不服輸的個性，讓她想挑戰日本女子職業棒球，鈺瀅知道臺灣女棒水準和日本有一大段差距，那是環境、競賽規模，及參與人口所造成。儘管有所差距，測試通過的機會不到五成，但她還是想試試，不試怎麼知道？除了不服輸的個性外，二〇一七年亞洲盃對日本一戰，鈺瀅主投五局只被擊出三安的內容也讓她信心提昇不少。

所以她和隊友沈嘉玟、曾琪從追蹤測試時間，到買機票、安排住宿，日文不通的她們一路摸索，一路解決各種問題，到最後如願參加測試。其中的辛苦，不是自助旅行，出門吃喝玩樂、拍照、打卡可以類比的。

帶著沒有成功，至少試著走了這趟，了解測試過程的心態。三個人在測試會全力以赴，結果是令她們驚喜的三人全數通過。到現在鈺瀅還是不太清楚能過關的因素，但我想或許是那種三個人什麼事都一起來，自己搞定一切的強烈

能打能守也能投的謝鈺瀅。（謝鈺瀅提供）

企圖心，才是球技之外感動日方的重要關鍵吧。

但無論如何，鈺瀅即將面對人生最大的挑戰，和她一起競爭比賽機會的是一樣通過測試，但年紀小她很多的日本女球員。能投能打的謝鈺瀅，並不畏懼挑戰，從她談話流露的眼神可以看出，而且她始終認為通過了挑戰，不僅是個人成功，也將為臺灣女棒的學妹們開出一條路來，這才是最重要的。

和鈺瀅訪談的地點在百齡球場，是她平常練球的地點，當天寒流報到，堤防外的場地，風大到讓體感溫度應在十度以下，訪問結束，我和幾位舊識的教練打招呼，和他們聊完天後，轉身準備和鈺瀅告別時，只見在這令人哆嗦的寒冬裡，她又在揮棒練習了。

沒有say goodbye，只有心裡祝福。

祝福謝鈺瀅能挑戰成功，一如當年陳金鋒一般，開創女子棒球的新局面。

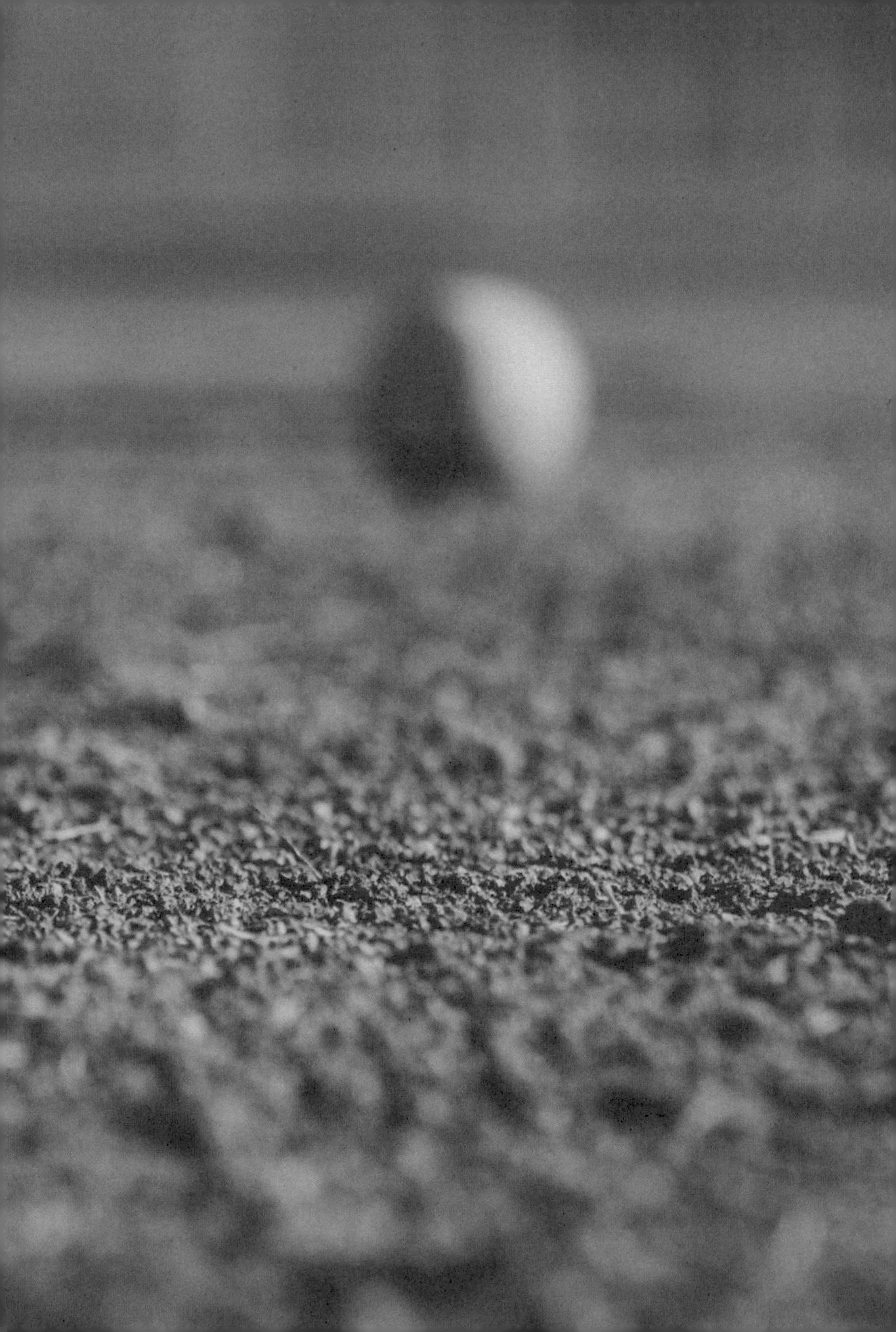

12

誰殺了呂文生?

我穿著五號球衣上投手丘開球，媒體問我為什麼選這個號碼？我直接說：「因為呂文生總教練。」

那裡真的是寒風刺骨

「那裡真的是寒風刺骨。」

對過去待了六年的蘇州，呂文生用了這麼一句話來形容，對一位長年居住南臺灣的人而言，可以想像要花多少時間才能適應這當中的溫差。

要適應的還有一個人在異鄉的孤寂。有人說「選擇孤獨就不怕寂寞」，愛交朋友的呂文生，從不曾想過孤獨，但他卻被迫選上寂寞這一條路，這一走就是近兩千個日子。

我一直是呂文生的球迷，時間超過中職歷史。看過《防守的藝術》這本小說嗎？書中形容主人翁亨利的防守功夫是：「接傳球像舞蹈家一樣流暢美妙，態度像正在練琴的音樂大師。」重要的是作者形容主角的這幾句：「胸部瘦垮得不像話，身材頂多只有一兩錢重，不會擊出全壘打，只靠防守就可以有機會上場。」不開玩笑，當我讀到這些文字時，總是想，這不就是呂文生嗎？

他穿台電隊球服時，我坐在臺北市立棒球場觀眾席上。

他穿統一隊戰袍時，我拿著紙筆面對著他。

他當教練時，我戴著麥克風在轉播席上。

呂文生我太了解了。唯獨只有「那件事」。

這件事壓在我心頭很多年。

二〇一二年二月十五日

那天和呂文生訪談，他選擇了一家日本料理店，他說以前統一拿冠軍都在

年輕時候的呂文生與曾文誠合照。（曾文誠提供）

這裡慶功，但他沒有多著墨以前的風光，而是等著我發問，他知道我想問什麼。

二〇一二年二月十五日那天，究竟怎麼回事？

如果只能選一天，在生命最難忘的日子，呂文生想都不用想，會把二月十五日這一天挑出來。

當天檢方兵分兩路同步搜索呂文生住家及統一獅棒球隊，平靜的棒球生涯、平靜家庭生活，無端地掀起這麼大的風浪，是呂文生做夢也想不到的。自認一生清清白白的他，什麼約談、搜索這些事離他太遠了，不可能碰得到，但它就是來了，而且，又急又快。

根據檢方約談時提供的資料及說法，認定呂文生的犯罪事實是「提供他人先發投手、傷兵名單資料」。聽到此，呂文生有點傻眼，如果這是罪名，那美國職棒總教練不都要被抓去關了？

把對的人放在對的位置

先將話題跳開，談到美國大聯盟，呂文生可說如數家珍，不論是球隊或明星球員。最早，所謂最早是近三十年前，他剛進職棒，他認為自己棒球該懂的都懂了，畢竟打了二十幾年的棒球，直到球隊請來了外籍教練引地信之，從他身上才發現棒球地深奧，接著有機會看到美職時，才驚覺那是另一個高層次的棒球。

所以有空他就打開電視看實況轉播，沒時間就請家人把美職比賽錄起來慢慢研究，「那時家裡錄影帶有這麼多。」呂文生一邊回憶一邊把左右手往外伸得像喬丹海報那樣長。

長期看美職下來，呂文生最大心得是，美職總教練最成功之處是把對的人放在對的位置上，這顯然也影響了他的帶兵風格。

「很多人說我是無為而治，還有笑我是西瓜，其實他們錯了，我的作戰是有根據的，相信對戰數字，還有相信每一位選手。」

呂文生這麼強調他的美式總教練哲學。最經典的例子當屬二〇〇八年亞洲職棒大賽，韓國ＳＫ飛龍對統一獅之戰，八局下半統一六比四分領先，無人出局一、二壘有跑者，打者輪到劉芙豪。這種可以追加保險分的機會，多數教練會讓劉芙豪觸擊推進，但呂文生不是多數教練，他放給劉芙豪揮擊，結果一棒揮出左外野三分全壘打。

劉芙豪在繞壘時，鏡頭帶到呂文生，他沒有太多激動表情，只是輕鬆咬著口香糖，好似一切都在他掌握中。

特殊的族群

拉回主題，呂文生向來認為賽前大家知道先發投手根本沒什麼，一如美國大聯盟，那幾年統一在他帶領下，是中華職棒常勝軍，他有自信對手知道獅隊先發又如何？他還是能贏球，更何況把這些東西跟朋友說。

但顯然呂文生太一廂情願了。

像呂文生這種，從少棒開始就是以冠軍為唯一目標的「職業級」棒球選手，在臺灣是很特殊的族群。

十歲接觸棒球，開始過著群體生活，群體生活指的是一起做操、一起訓練受罰、一起吃飯睡覺，贏球一起笑，輸球一起哭。

十歲、十五歲、十八歲到成家前，他們都是這樣的生活，只有軍旅生涯才能和他們相比，所以能接觸的人，永遠是和他們差不多年紀，差不多知識水準，還有差不多思考模式的人，「朋友」兩個字的定義，和我們比起來，他們窄很多，在沒有網路的時代，朋友指的就是因為棒球而認識的人。

起訴書中提到的「黃男」就是如此關係，黃男指的是黃德銘，呂文生當年在台電棒球隊因比賽而結識黃德銘，既是老友，所以他想知道先發投手，跟他講有何關係?呂文生如此，呂文生的太太謝馥鈺也這麼想，壞就壞在「黃男」的女友是組頭，就足以讓檢方認定以起訴呂文生。

也真不能怪檢方抓到呂文生的「把柄」，該怪他太傻太天真嗎?想要知道先發投手，看報紙就好，為何得問總教練，足見不是太單純的人物，但呂文生顯然少了這樣的嗅覺，還傻傻的以為沒有什麼關係，就這樣成了約談對象。

呂文生可以在極短時間內判斷場上敵我情勢，或僅靠直覺就能做出最正確的戰術決策，但對「法」的敏感度卻是不及格的。

在訪談過程中，談到此，呂文生一度還曾問我：「文誠，如果有人一樣問你先發，你也會說吧。」我?我的經驗是，別人問我比賽有的沒的，我總是笑笑的說：「別讓我困擾好嗎?」

在呂文生世界中的朋友，棒球界還是第一的，這不僅是呂文生如此，記得時報鷹的簽賭案嗎？那些被約談的選手，事後那種「聽學長話怎麼會出事」的表情令人難忘，也讓人錯愕於他們法律常識的薄弱。

這是我們過去對棒球選手，只論勝負菁英式養成下的結果嗎？

永不錄用

呂文生夫婦錯估了提供賽前資料的嚴重性是事實，但令他最不滿的恐怕是檢方想要「辦大案」的態度。

在訪問呂文生的過程中，他回憶檢方對他說「上頭要辦這個案子」、「你不是總教練就什麼事都沒有了」依呂文生轉述，能否直接解釋，整個事件導因於想找個職棒總教練搞個大案子，以彰顯檢調系統有在辦大案的曝光度嗎？答案恐怕只有檢方清楚。

畢竟檢方手中有的只是呂妻告知先發投手、傷兵名單的通訊記錄，所以只好回過來，翻中職規章，引經據典地起訴呂文生犯了「背信罪」。

但檢方可能不知道的一點是，只要起訴，不論經過什麼判斷及證據而做的決定，就代表呂文生將永遠被逐出臺灣棒球界。

根據中華職棒領隊會議規定，中職不論球員或教練，一旦被起訴，就是永不錄用，即使事後法官判無罪，依然無法收回成命，例如捕手陳鋒民。

中職領隊會議之所以做這種唯一死刑的決議，沒有其他原因，是真的被簽賭案害慘了，也嚇慘了。從第一次放水案的驚恐，到之後次次的震撼，有球員收押，有球隊解散，整個聯盟差點不保，因此「防賭」成了這個聯盟維繫生存的最高指導原則。事實上，目前中職對防賭也著力甚深，和各地檢方密切合作，有任何風吹草動就早一步啟動防賭機制。

在這種高防賭的唯一原則下，也全盤接受了檢方的調查結果，不管檢方看到的是草繩或草蛇，中職一律認定只要起訴就永不錄用，所以即使是呂文生承認因交友，自己誤判情勢，但也希望聯盟能給他一個解釋，一個「重播輔助判決」的機會，但得到的答案依然是「不」，是寧可錯殺也不輕放。

中職做永不錄用的決定後，中華棒協也發表呂文生未來將不得在業餘球界擔任任何職務的聲明，也就是從此呂文生這位曾在古巴領導人卡斯楚面前揮出全壘打，五年內帶領統一獅隊拿下四次總冠軍的教練，未來的每一天，將在臺灣找不到任何跟棒球有關的工作。

在中華職棒、中華棒協兩個單位惡鬥搶食棒球資源多年下，槍決呂文生是極難得的共識。

失控的媒體

沒有工作事小，沒有了名聲、清白呢？

打從傳出呂文生被起訴約談那一刻起，似乎一切都開始失控了。當天大批媒體等著呂文生，大家搶新聞，這在民主自由的國家是常態，但接著下來，「爆料不分藍綠」卻完全失控。為了搶收視率，呂文生到底有沒有收錢，打假球，或者誰是呂文生已經不重要了，重要的是要有聳動的標題，只見「職棒隊全淪陷」、「冠軍教頭涉賭」、「中職放水案再起」……電視臺新聞更是不停地以跑馬燈形式播放，加上社群媒體的發酵，呂文生三個字就等於放水總教練，直到今天還有人相信他打假球。

如果收視率搶不過，標題無法更驚人，那麼就加點料也無妨，反正臺灣媒體玩爆料又不是第一次，也不會是最後一次，所以電子媒體說呂文生妻常和組頭逛百貨公司，接受名牌包，這種沒有憑據，也全然不是事實的新聞，竟出現在有國家證照的新聞臺中。

檢方搜索那天，呂文生家中只有兒子及同學，在驚嚇不已的兩人面前，檢方什麼也沒找到，沒有名牌包、大量現金及任何高價物品。再對照檢方查完他的戶頭，曾當面問呂文生那句：「你當那麼多年總教練怎麼還那麼窮？」

所以說和組頭逛街收取名牌包，是呂妻謝馥鈺萬萬無法接受的，讓一輩子打棒球，愛棒球的老公，從此在臺灣沒有球打只得遠走中國，謝無比自責，加上如此抹黑，誰能經得起這個打擊？事件後三年謝馥鈺死於癌症，得年四十四歲，這麼年輕就離世，誰能說不是整個事件造成她的壓力，拖垮了她的身體呢？

謝馥鈺走了、呂文生在臺灣球界被封殺，一個人孤孤單單地遠走蘇州，這輩子大概翻不了身，要命的是他直到現在還被莫名的和簽賭劃上等號。

究竟誰殺了呂文生？

是自己太傻太天真。

是檢調見獵心喜。

是中職斷尾求生。

還是臺灣嗜血的媒體？

抑或是老天，就是命？

呂文生的兒子呂思賢，這位二十出頭就得提早面對家庭巨變的孩子，對整體事件，卻只有輕輕一句：「人世間很不公平」。

誰殺了呂文生？

後記

二〇一八年九月受邀在統一獅主場開球，我穿著五號球衣上投手丘，結束後現場媒體問我為什麼選這個號碼，我直接說：「因為呂文生總教練。」

我不確定在統一，呂文生三個字是不是某種程度的「禁忌」，但我還是覺得該做我值得做的事。

不是只有我這麼想，獅隊選手高建三、劉芙豪引退當天都不約而同感謝呂文生。而球界認識他的人，沒有一個人相信他會和賭有關係，不論認識他多久。

我和呂文生結交超過三十年，從職棒開打前到現在，要認識、認清一個人三十年應該夠久了。兩件事記得特別清楚，明明是統一獅隊球員，我卻常聽呂說上那麼一句：「如果不是兄弟洪董，我們這些打棒球的不知以後能幹嘛。」他是個懂感恩的人，也是個「不亂來」的人。

有一年統一獅在臺北比賽時，我去飯店串門子，在投手廖照鎔房間看到呂文生，以為他也是來聊天的，結果廖說呂文生不是來聊天的，是不敢回自己房間，因為有個花蓮女球迷賴在他房間不走。

這種到嘴邊的肉不吃，成了那幾年隊友譏笑的話題，但呂文生還是呂文生，後來不論過了幾年，換了其他球隊與職務，少有人對他有負面的評語。

二〇一二年檢調發動搜索，大家都驚呆了，「是哪裡弄錯？」是大家共同看法。但當時媒體沒有查證的標題、誤導的內容已對呂文生造成極大傷害，時至今日依然有不明究裡的人稱他「黑人」、「小黑俠」。

這六年來想寫呂文生的文章，一直在心中記掛著，直到最近總算空下時間把此事完成，也算是在人生結束前，沒有多一件憾事。

13

南臺的變態醫生投手

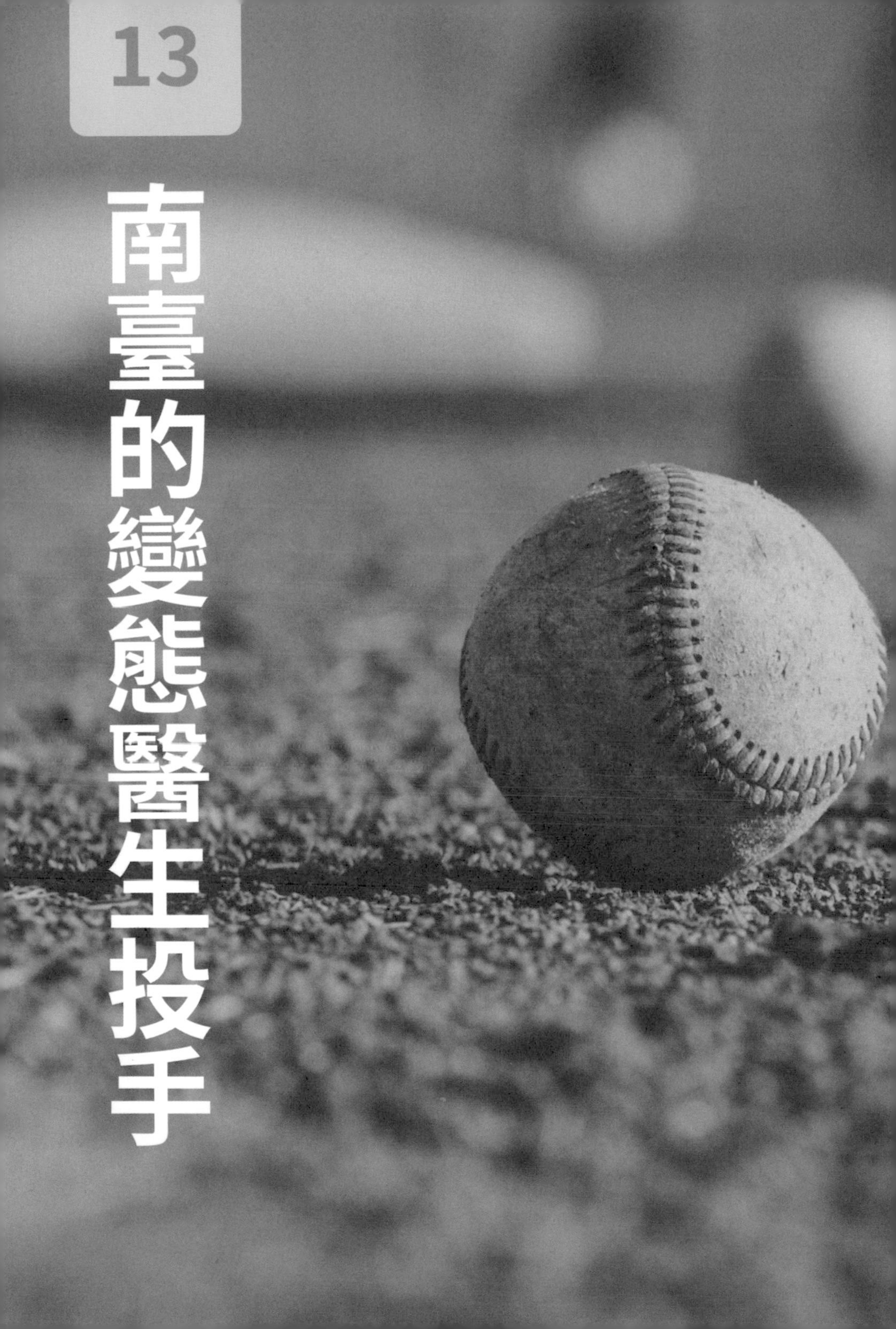

那種「打球」的快樂，他記得很清楚

「當教練這麼久沒看過這麼愛投球、這麼投入的人」

屬於他的天地

該如何形容把球丟進手套的聲音？是啪！還是……

陳冠帆，或者該加兩個字：陳冠帆「醫師」，喜歡以右手把球用力擲進左手手套中，那巨大的聲響讓他有種無法言喻的快感，這是他在看政論節目時常做的事，看政論節目是他的嗜好，雖然遙控器往左調一堆人罵執政黨，再右轉另一堆人罵在野黨，更多的時候陳冠帆把他們當喜劇節目看，但看政論節目依然是他的興趣，可是和棒球比這又算得了什麼？

故事的源起平淡得很，高雄醫學院第一年，因為國際賽事陳冠帆成為一日球迷，跟著大家幫中華隊加油，吶喊的過程他突然記起一件事，小小地點燃了心中的火花。小時候，大概四、五年級吧！也曾和同學拿著掃把對著紙捏成的球揮擊，那時還記得電視上有個叫坎沙諾的洋將很厲害，那種「打球」的快樂，他記得很清楚，所以事隔七、八年後，他想再重溫那種快樂。

但事實和想像是差很多的。

你有聽過能當醫生但功課卻不好的嗎？至少我沒聽過，陳冠帆也是如此，從小學業就一等一靈光的他，升學路一直很平順，但打棒球？相對就困難了許多，「頭腦發達四肢簡單」很可能是一開始他對自己的評語。更殘酷的是，醫學院的隊友似乎也跟他差不多，棒球比賽不是一個顧好自己，有看書就有好結果的活動，「常被打爆」、「差別隊很遠」、「輸人家很多」，陳冠帆用這麼簡單幾句話描述自己身處隊伍的戰績和結果，儘管球隊的凝聚力和向心力都一等一，但實力還是一切，現實就是現實。

在心理學上，「動機」一詞是指行為開啟還有持續進行的態度，不論是常輸球不服輸，或是在老婆眼中事情總想做到完美的個性，這些應是陳冠帆想把球打好的最佳「動機」，這是主動因素；被動因素則是原來站外野，認為當投手是件可怕的事，但在蜀中無大將之下，被迫站上投手丘，這一腳站上去，站在那「小山丘」上，陳冠帆似乎看到他的天地，還有那高於他人的視角。

投手板到本壘距離是十八點四公尺，成人的步伐大概是十七步左右，看起來不遠，要把球丟進去好像也不難，但投得到跟投得好，絕對是兩回事，這世上說到「知易行難」，投球絕對是其中之一。

總是會找到方法的

和陳冠帆碰面時，他說的第一個話題並不是棒球，而是臺灣的教育，他是這麼說的：「臺灣太重視升學了，為了考好學校把書念好，所有事都不重要，我中學的體育課都被拿來考試。」事後我想，這段話在我們剛落座，咖啡都還沒喝一口時就說出來，想必是很深的感觸，感觸是否來自於，如果他能早一點接觸到運動，早點打好基礎，是不是就不會浪費那麼多時間及精力，去摸索如何把球投好？但在臺灣或整個華人地區，這個問題不僅是現在，即使五十年後依然無解吧！「把書念好其他再說」肯定是主流意識。

話說回來，陳冠帆好像也沒有太大的「犧牲」，看本文的你也可能跟我一樣，想到他至少考上了很多人羨慕的醫學院，剩下來的重點是，晚起步的他如何一邊接受醫學院養成教育，一方面又要把球投好，喔！不，他想要投得非常好。

剛開始站上投手丘，將球投進遠方的捕手手套，他很懷疑球速有沒有一百，這麼短的投捕距離他竟丟不到一百，要怎樣加快他的速度呢？如果速度愈快，投捕距離在打者視覺上就愈短，但試圖縮短投捕距離的他，同一時間一天天加重的課業，卻可能拖延他的步驟和決心。

「那時一個星期週一到週五大概會找機會動一下，週六就是正式練球的時間，我很期待星期六的到來，可以練一整天，隊友也是自動自發地報到，訓練一整天雖然很累，但我的功課也不能放，練習一結束我就馬上到圖書館報到，把該看的該準備的書看一看。」

陳冠帆是這麼回憶當時打球和課業兼顧的日子，講起來有點輕描淡寫，但我知道那很不容易，據說醫學院學生在大四前要修好解剖學、微生物、組織學十幾門課，還有臨床所有科目，光聽就覺得很難，還能認真去打球？但陳冠帆還是覺得那沒什麼，這讓我想到倫敦奧運女子三鐵金牌的Nicola Spirig，不僅是世界頂尖的三鐵好手，同時是三個小孩的媽，在被問及如何每週至少訓練三天又同時要顧好三個孩子時，她同樣是輕鬆地說：「我總是會找到方法的。」

把世界級的選手和一位乙組棒球投手放在一起類比很奇怪，但要說的是，如果開始的動機不是被逼迫，甚至是如陳冠帆所言，就是「興趣」，那麼那個動力是相當驚人的，即便是課業、打球，即便是訓練、顧小孩兩頭燒，也甘之如飴，也覺得沒什麼。

這傢伙真的很變態

陳冠帆想把球投快、投好的動力是驚人的，讓人不禁要問，要執著到什麼程度才叫熱血？要熱血到什麼程度才叫執著？

兩年的實習，三到六年的住院醫生生涯，很多過來人形容像狗一樣的日子，陳冠帆不但熬過來，神奇的是，棒球他一樣沒放掉，致力於如何加強他的投球技巧，他是這麼說的：「先從大方向去做，像動力轉移、跨步、放球點的固定，然後上網找影片，找和我投球動作相近的職業選手來模仿。」

這差不多也是一般素人想要精進投球之道，但難的還是所謂的堅持，都畢業了，要成為獨當一面的醫生，依然把當好投手視為生活唯一的重心，甚至在前統一獅總教練呂文生眼中幾近「變態」的程度，事實上呂文生也真的以「變態」稱呼他，而不是陳醫師。

到底有多變態，呂文生的述說很精彩，也令人有點莞爾，令人難以想像，他說：「這傢伙真的很變態，當教練這麼久沒看過這麼愛投球、這麼投入的人，每次牛棚一練就一百多球，好像都不會累，回醫學院母校跟著學弟練球，到最後學弟看到他都怕了，避之唯恐不及，沒人敢幫他蹲捕，因為一蹲就蹲不完。

「一出門沒事就穿個球服到處走，到人家家裡也是拿個手套，把球用力丟進手套中啪啪響，完全不管別人異樣眼光。後來他一直練還真看得出進步，球雖然不頂快但非常準，那時我一度跟公司（統一）建議讓他報名參加測試會，如果通過，我們把他選進球隊中，一位醫學院畢業的人來打職棒，就會成為很激勵人心的故事及話題，公司也同意了，可惜後來我離開球隊，就沒機會了。

「離開臺灣到中國後我們兩個人還是有保持聯絡，我帶江蘇隊來臺灣移地訓練時，他也會跟著練，真的很熱血。非但如此，他還跑去無錫找我，記得有一次球隊分組練習，陳醫師說自願當投手，我以為是其中一隊的投手，不是喔！是兩邊的投手都是他，也就是我們打八局的比賽，他一個人投了十六局，變態啊！

「我覺得他最了不起的是，雖然那麼瘋投球，但正事都沒有忽略掉，有一次練完球看他半天都沒有從宿舍出來，以為是跟別人一樣在休息，但也太久了，想說在做什麼？就去看一下，結果他在那邊唸書準備醫生考試，實在是個奇才。」

醫生與投手的相似點

很有畫面的一段回憶，但我比較好奇的是，這麼愛投球，動輒一百多球的投球，自己卻是個專業的骨科醫生，難道不會和自己所學正好背道而馳，太不科學了嗎？

陳冠帆的解釋是，為了避免受傷，他做了不少重量訓練，也請專人指導，另外要非常注意本身的投球動作是否正確，其實他認為醫學的正規教育對他投球是有幫助的，投手是所有棒球選手當中動作最複雜的，每一次動作都會用到身上每塊肌肉，要顧到每一個環節，沒有一個守備位置比它要求更多的，就像我們受的專科培養也一樣，講究合理、科學，不能有絲毫出錯。

站在投手丘上比賽，投手是掌控全場的人，投手不動全場就靜止。如同骨科醫師上手術房開刀一般，所有人都等你下刀，我突然想到這兩者的相似點。但我沒有問陳冠帆意見，比較想知道的是，從一開始投不到一百，現在到底能丟多少了？

「十個球大概有兩三顆一百三，多數一二五是沒問題，應付乙組比賽足夠了，但我覺得我還能再進步。」陳冠帆如此回答。

還想再進步？果真是個變態的人啊！但這種只想做好一件事的「變態」心理是可愛的，因為陳冠帆替他的行為下了很棒的註解。

「想把球投好，不管花多少精力時間，那個過程是金錢無法取代的！」

嗯！這位南臺的變態醫生投手。

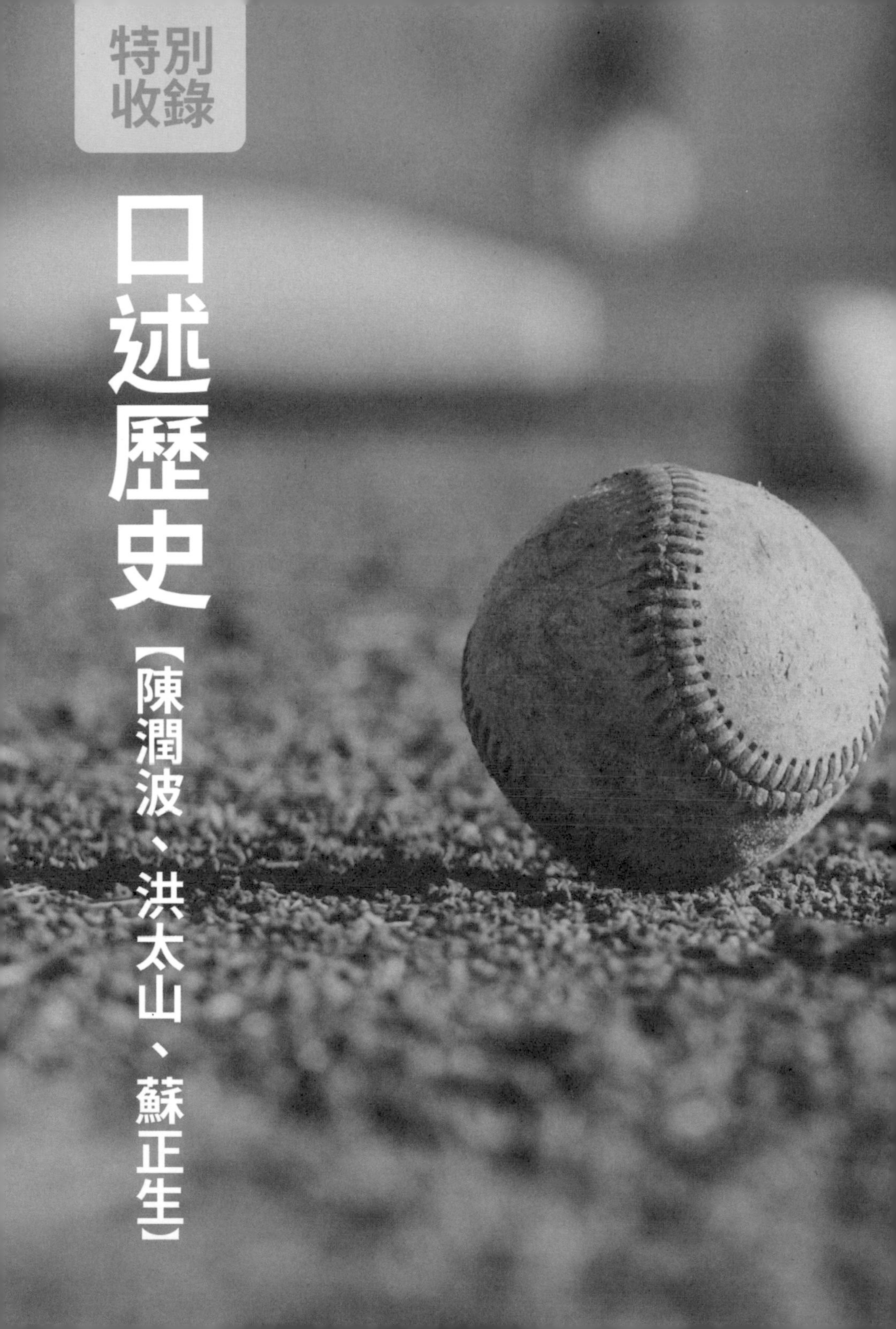

特別收錄

口述歷史

【陳潤波、洪太山、蘇正生】

能接到一個讓別人記一輩子的球想想實在是很過癮

【陳潤波口述歷史】

陳潤波，一九三〇年生，我國棒球史上最著名的游擊手，第一屆到第五屆亞洲盃國手，合庫、可口奶滋、文化大學等隊總教練。

唯一的捕手手套

二次大戰後，那時我十七、十八歲由日本回臺灣，一些學歷證明還有工作證明並沒有跟著帶回來，所以沒有什麼工作機會，整天就是無所事事的東晃西晃。那時候蕭長滾教練（前立德、榮工隊教練）和我舅舅黃皆得（一九五一年臺灣第一次訪菲代表隊員之一）是過去的投捕搭檔，而且和我父親也很熟，從我小時候蕭長滾就常到我家去走動，看我沒事幹的樣子，就問我要不要到他的球隊打球，算起來是收留我，想想那時候他經營的體育用品店，還收了不少沒工作想打球的孩子，也可以這麼說是為了我們這些小孩子才搞了這麼支球隊，以當時一顆球就要二十幾塊的費用，組棒球隊實在很花錢。

其實在此之前，小時候曾接觸過棒球，不過那是玩票性質的，不是很正規的參加球隊，加上當時二次大戰時間，棒球運動在日本、在臺灣都沒有受到太多的支持，因為對統治的日本人而言，棒球是代表美國的「國技」、是敵國產物，當然不太可能像戰前那樣的大事推動，不過也不能說是全面禁止比賽，只能說對所有棒球比賽是睜一眼閉一眼的態度，因為很難去禁止民間參與棒球運動，但大型、正式的棒球賽卻一天天少了。即使日本本土也是如此，最有代表

陳潤波（面對鏡頭站立者）為第三屆亞洲杯國手。（曾文誠提供）

性的職業棒球，也在政府有意、無意間規模減少了許多，而一些小規定也讓人有放不開手腳的感覺，譬如隊名不能用英文名，而改成漢字，所以GIANT就成了巨人了，而背號也不再是123，而是壹貳參；好球的判決也改成日文的「一本」；球場出現古代的日本武士旗；比賽中還有手榴彈投擲競賽，很多球員把手都搞壞了，凡此種種都讓人有放不開手腳、棒球不再好玩的感覺。

儘管如此，民間喜歡、愛打棒球的人還是大有人在，我小時候可以說就是在這樣的風氣下接觸棒球。當時日本小孩和我們幾個臺灣人，找塊空地，擺三、四塊磚頭，就可以打起棒球了。

那時候球具是各自想辦法弄來，而所有小朋友當中，只有我有一個捕手專用的手套，所以他們打球就一定要找我，那時我差不多是小學四、五年級左右，其他人有的是六年級、有的是已經唸中學了，當中年齡最大的是兩個日本人，一個唸高雄工業學校、另一個唸高雄商業學校，算是大哥哥級的人物。總之，所有打球的小朋友我年紀最小，個頭也最小，但他們每次打球卻一定非找我不可，就是因為我有一個捕手手套，不過雖然找我打球，但每次都把我排右外野、第八棒，最無關緊要的位置。

我那個捕手手套是怎麼來的呢？雖然已經是六十幾年前的事，但我現在還是記憶深刻。那時候大概是小學二、三年級吧，有一天放學後我並沒有直接回家，而是一個人在外頭亂遛達，突然父親騎著腳踏車從我身後經過，只說了句：「上來。」就叫我坐在後座上，我那時心想完蛋了，放學不回家還在外頭玩，這下回去要被修理了。一路上父子間都沒什麼交談，回到家中父親還是不說話就直接上樓，我愈來愈害怕，心想父親大概上去找棍子準備揍我了，結果不久他下樓，手中卻多了個手套，全新、美津濃牌的捕手手套，父親只簡單說了句：「這個給你！」

那時公務員一個月能領上一百塊錢薪水，算是不錯的，只有日本人在用的美津濃手套一個差不多就要五十塊左右，而父親卻肯花大錢買給我，我想他只是想激勵我打棒球吧，父親雖然是選手出身，但對於我走棒球這條路，並沒有任何強求，也沒有望子成龍，期望兒子在棒球界出人頭地的心態，而是用鼓勵的方式，看我會不會因為多了個別人沒有的手套而對棒球有興趣。

赴日與回臺

小學就在這麼打球、玩樂、讀書中一天天過去，五年級要上六年級時，日本政府在臺灣舉辦日本海軍工員機校的考試，希望徵調臺灣學生到日本本土學習修飛機的技術。當時的學制沒有所謂的高中，小學畢業後就升上五年制的中學，那時候報名參加這種技校考試的學生都是很優秀的，因為從那裡畢業就等同於工業學校畢業的學歷，而且是到日本去，因此吸引了很多來自全省優秀的學生報考。

我那時候其實是瞞著家人去報名的，當時父親忙著自己的事業，母親又已過世，所以自己想想就跑去了，如果那時我母親在身邊的話，我想她是不可能讓我去的，畢竟一個十多歲的孩子跑到那麼遠的地方，媽媽大概都捨不得吧！就因為母親不在，等到我考上，父親即使想阻止也來不及了。

我到日本後先被分配到神奈川縣，三個多月後再到長崎附近一個專門用來修理水上飛機的湖泊，一段時間後再調回神奈川，結果我調回去不久，那裡就遭到美軍轟炸死傷不少，我算是幸運的逃過一劫，神奈川之後我就沒有再調動了，一直到二次大戰結束。

我剛回臺灣時，雖然是戰後，經濟情況不好，但全臺的棒球風氣卻很興盛，許多尚未歸國的日本學生也常加入球隊比賽中。當時高雄棒球隊有五、六十隊之多，不過只有兩隊是硬式棒球隊，其中一隊是蕭長滾教練帶的，另一隊是旗津隊，球隊多，比賽更多，正月有元旦棒球賽，春夏秋冬四季還有各種不同的賽制，當中還有協會杯、青年杯、金像杯等比賽，當時經濟狀況雖然不好，但棒球的根卻很扎實，各機關愛打棒球的人大有人在，那時的鐵路局、糧食局、公務局、電力公司等單位都有棒球隊，儘管光復後，雖然公家機構的主管都是外省人，因為看不懂棒球，自然沒有興趣，可是每當要外出比賽的簽呈往上報時，他們不會因為對棒球沒有興趣就不簽，頂多是經費有時稍微減少一點而已。

提到外省人，一個題外話是，那時候我們在海軍棒球隊，有一位上校副所長跟球隊跟得很勤快，那時候我們在練球，他竟然用起碼表來測投手球速。有跑者跑上一壘時，他就請教練拿一雙工人用的棉手套給他，他這些動作常被我們這些選手嘲笑，說他不懂裝懂。但以今天的棒球觀念來看，他雖然不是運動選手出身，但四、五十年前就有那種觀念說要測投手球速，還有保護跑者滑壘的雙手，這些不都是我們現代棒球在做的嗎？所以他這個外省人讓我印象十分深刻。

經由蕭長滾的引見，我除了參過他們的體育用品社棒球隊之外，也打過營造公會棒球隊，後來又被推薦參加台電棒球隊，成為台電隊員之一，那時還不滿二十歲，是陣中年紀最小的，所以每天練球出公差打雜的一定是我，那時台電棒球隊在現在高雄鹽埕公園練球，每天差不多下午三點練習，但我兩點不到就得到球場，從電力公司騎腳踏車先載一部份的工具，包括竹竿、網子、方便架設本壘後方的擋網，然後再騎回公司載壘包、球等器材。兩趟路下來東西都齊全後，就把球場位置量出來，在本壘後先釘一邊的架子，接著再釘另一邊，然後把網子架上去，壘包擺一擺，順便用水把球場灑一灑，以免灰塵滿天，準備好後就可以等前輩他們來了。

臺灣第一游擊手

台電後，我接著加入的是長達十年的海軍棒球隊。海軍本來沒有棒球隊，民國三十九年國軍運動會即將展開，所有軍種當中唯獨海軍沒有棒球隊，所以總部就希望能成立球隊，首先到左營、澎湖等船廠找一些會打球的員工湊人數，後來正巧當時高雄中學畢業的名投手黃仁惠（第一屆、二屆亞洲盃國手）和海軍總部有生意來往，一聽說黃仁惠會打棒球，而且是不錯的投手，就希望他加入海軍棒球隊，條件是不用來上班，只要比賽、練球到就可以，外加介紹兩三位好手一齊加入，所以他就找了我和劉仲義（第一屆、二屆亞洲盃國手），我就這麼離開了台電隊。

結果我們一穿起海軍隊球服，都還沒打到一場球就被抗議，那時候陸軍隊的總教練正好是蕭長滾，他對我們三個太清楚不過了，尤其了解黃仁惠的投球實力，因此他就向大會抗議我們加入海軍未滿半年，依規定不能比賽，所以我們就在抗議成立下被取消了參賽資格。

雖然不能比賽了，但海軍還是有繼續支持球隊的意思，所以就問我們要不要留下來，如果要留下，變通的辦法是將我們編制在體育組，戶籍則設在海軍造船廠，在我們首肯之後，接下來找人就容易多了，陸續找了十三、四位有實力的選手，大比賽時再外調澎湖船廠的兩位好手，就稱得上是南部一級的強隊，而且還常和方水泉（前華興、合庫教練）在陣中的永康三崁店糖廠隊爭奪冠軍。

在海軍時期應該是我球技從成熟到高峰的一段時間。一開始打棒球我並不是擔任游擊手，而是先後守過捕手、外野手等位置，在台電隊老實說游擊位置好手很多，實在輪不到我，多半都是擔任打擊練習的接球捕手工作而已，連打擊的機會都沒有。到海軍之後真正讓我球技成長的應該有兩個因素，第一是守備根基打得扎實，在我碰過的教練當中，擊球守備練習做得最好的大概就屬蕭長滾教練了，所以被他狠狠操過後，球技的基礎就很穩了，另外是到海軍之後，由於陣中沒有什麼其他人和你搶位置，所以就比較能按自己想要的方式去練習，而且有信心之後，就會朝向自己的目標去努力，我的目標就是超越當時臺南市一位很好的游擊手，只要有他的比賽，我一定會去現場，而且很注意看他的每一個守備動作，我絕對要在短時間內超越他，成為臺灣第一游擊手，那就是我練習時的動力來源。

球技成熟了，國家代表隊自然不會遺漏你，一九五四年中華隊第二度訪菲，我入選國手，一直打到第五屆亞洲盃（一九六三年）我三十七歲才退休，十幾年的國手生涯有幾件事是很難忘的：第二次中華隊遠征菲律賓比賽是由臺灣柯蔡宗親會和當地柯蔡宗親會合辦的，所以臺灣這邊由蔡炳昌（第一次訪菲比賽的中華隊投手）負責聯絡、籌備，以第七屆省運比賽成績為選拔依據，入選的國手之中我和方水泉最年輕，我們那時在臺中集訓，教練是薛永順（一九五一年臺灣第一次訪菲代表隊隊長、曾加入日本職棒名古屋金鯱隊），那時集訓有多慘你知道嗎？每天回到宿舍，樓梯走都走不上去，只能以雙手扶著樓梯邊用爬的，即使有菸癮也不敢抽，因為每天除了特訓還是特訓。這種特訓並不是全隊，而是只有我而已，為什麼特別操我，除了我年輕之外，因為隊中已經沒有其他游擊手人選了，投手如果投不好，還有其他人可以頂，但我如果掛了，就沒有人可以接替，所以對我的期望就特別高，當然操得格外兇，而且那種操不是擊球讓你接、而是擊你接不到的位置，所以就看我一個人疲於奔命，但這種操練絕對是有價值的，我們在菲律賓比賽期間，同時參加的日本隊監督就向人誇讚臺灣游擊手的身手了得，而當地的菲律賓報紙也是大幅報導，即使觀眾也都對我印象深刻。對我來說，那段時間的守備，只要球打到兩側，不論是二壘壘包附近或是三游間都難不倒我。

他在我眼中沒什麼

另一件事是，第三屆亞洲盃在日本東京神宮球場舉行，日本隊賽前練習，有一位日本記者知道我是中華隊的游擊手，就跑來問我對於日本隊游擊手有什麼看法，對於他的問題我只回了一句：「沒什麼」。這個答案讓他嚇了一大跳，他以為我不知道日本隊的游擊手是誰，趕緊向我介紹說是立教大學畢業，而且被大洋隊第一指名，簽約金破紀錄的三千萬（比之後的長嶋茂雄、王貞治都高），我還說他沒什麼，實在讓他嚇一大跳。

我當然知道日本隊的游擊手是哪一號人物，之所以會說他沒什麼，我用了幾件事來告訴那位日本記者我的理由：有一年我們到韓國訪問比賽之後，途經日本，吳明捷（一九三一年甲子園大賽亞軍，嘉農代表隊主戰投手）也來看我們，他是洪太山的嘉農前輩，知道洪太山想要買球棒，就帶著我和黃仁惠一行人去找，不久到了一家體育用品社，我們進門口就搶著要選了，吳明捷連忙說不用急，到了中段又是一堆球具，我們還是想動手買，吳明捷還是說不急，到最後面，也是一些球具，這下可以選了吧，他還是說不急，原來這家店走到底之後又接著一間小房間，裡頭有一個師傅，上頭掛著很多球棒樣品，這裡是供人訂做球棒的工作室，你可以按照喜歡的球棒重量、樣式訂做球棒、如果做不好並不會丟掉，而是拿到前頭賣，後來經他一說我們才知道，最前頭是高中生用的球具、中間是大學、後面則是社會組的，如果更次級的品項就賣到臺灣去，難怪我們才到前面就覺得那裡的球棒已經很棒了。

再說手套，臺灣選手當中我的手套已經算是一級品了，可是一旦不能用，卻不可能換一個同款式新的手套，所以每次換手套就得重新適應手套的接球感。

最可怕的是臺灣的球場，那時臺灣幾個比賽場地，一個比一個恐怖，北投球場是岩盤地，內野硬、小石頭又多；臺南球場戰時被挖起來種蕃薯，戰後才被填平，每一次比賽前因為灰沙實在太大，還得動用消防隊來噴水才能用；臺中球場內野到處都是雜草，比賽開始才找工人把草挖起然後再修一修，修到最後內外野間還有一大段落差；只有圓山球場的場地比較好，但戰後不久就被美軍徵收了。

所以球具、球場樣樣不如日本、臺灣選手都是在最惡劣的情況下練習、比賽，久而久之臺灣內野手的守備姿勢千奇百怪，而且養成內野接滾地球一定要前衛接球的習慣，你在原地等越久，不規則彈跳的機會越大，守備練習時不往前教練一定罵，所以球打出去就一定衝，因此我才告訴那位日本記者，如果有像他那樣的球具和球場，我的技術絕對不止這樣，所以他在我眼中實在是沒什麼。

他絕對沒有你好

除了代表國家出外比賽之外，海軍棒球隊十年間，也曾經打過其他球隊，譬如味寶味素隊，還有台電隊等，那時候比賽多，但對球員資格認定並不嚴格，你可以同時參加很多隊，就看交情夠不夠，只要不是在同一比賽報名兩支球隊就可以了，當然這些都是屬於友情贊助性質的，也有很多球隊是希望你正式加入的，例如合庫隊就一直來找我，最早則是彰銀棒球隊，可以說除了臺銀之外，幾乎各行庫有棒球隊的都來遊說我加入了，可是海軍就是不放人，最後才強勉讓我進合庫，後來我也在合庫結束了選手生涯，這麼多球隊我選了合庫，開個玩笑話，這個選擇是對的，因為其他隊都先後解散了。

我當過合庫隊的選手，但在我當教練之後，不論是可口奶滋或文化大學棒球隊教練，我都要求我的選手以擊敗合庫隊為目標，不是因為我在合庫發生過什麼不愉快，而是合庫隊一直是臺灣強隊的代表，能以擊敗合庫為目標，就能證明自己也是強隊。

另外我比較強調的是選手外在的服裝、精神，過去我在選手時代，除了想辦法用最好的球具之外，手套、球棒也都保護得很好，比賽結束，一定把鞋子擦好、手套擺放在最高的位置，不要讓小孩子碰到，連我太太也不太敢碰我的手套，這大概源自於我父親的遺傳，我爸爸對棒球用品一直很捨得花錢，所以我也是如此，有一陣子有一些小朋友從美軍船上弄來的棒球釘鞋都賣給我，因為他們清楚我捨得花錢。球具、服裝就是精神象徵，當教練也格外要求我的選手，我最討厭那種手套、鞋子從不保養，一個失誤或投不好就摔手套的人。

要怎麼樣成為好的游擊手，我想除了練習再練習，沒有其他方法了，現在選手的各種條件都比我們當年要好得許多，沒有道理練不好。當一名棒球選手的價值何在？我想就只有打了場令人難忘的好球或是受到別人肯定，如此而已，直到今天仍然有許多老球迷會對我說當年他看到我在游擊區身手如何了得，能接到一個讓別人記一輩子的球，想想實在是很過癮。當年日本巨人隊到臺中集訓，我和父親特別到臺中去看他們練球，其實我們主要是看巨人隊如日中天的游擊手黑江的守備動作，當看完後在回家的路上，父親對我說：「雖然是自家人不該自誇，但看到黑江的守備，我要客觀說一句，他絕對沒有你好！」

雖然只是父親的一句讚美話，但我想我過去的苦練就值得了！

沒有其他方法，就是練習而已

練到你能體會，然後就很自然地反映在你身上

【洪太山口述歷史】

洪太山，曾加入嘉農、台電、彰銀、味寶等隊，亦是一九五一、一九五三年臺灣棒球遠征菲律賓，第一屆亞洲盃成棒賽隊員，以打擊強悍著名，可說是臺灣棒球史上第一代的四棒代表性人物。

自告奮勇當捕手

我父母親都是澎湖人，父親在日據時代是廚師，他在十七、八歲的時候被

我祖父從澎湖帶到臺灣來學廚藝，初期他雖然有一技之長，不過過得居無定所，哪裡有工作就到那裡，到過基隆，還曾上過客輪周遊世界，後來在嘉義找到一份日本人幫廚的工作，生活才安定下來，接著就回澎湖老家娶了我媽媽，然後生下我。

會談我爸爸，是因為我之所以念嘉農就是父親叫我去的，那時候嘉農是最難考的學校，所以他要我去試試看，另一個目的是去打棒球，爸爸要我考嘉農，然後參加嘉農的棒球隊。

我小時候念公校時就打過棒球，當時嘉義小學有球隊的學校不多，有一所都是日本子弟就讀的「旭小學」棒球隊最有規模，其他幾個臺灣人念的公校就沒有那麼普及了。那時候一般的臺灣小朋友不敢打棒球，因為棒球很硬，打在身上很痛，所以沒有幾個人敢試，也許是我從小運動神經就不錯，跑步比同年齡的小朋友還要快，因此我們學校有一位日本老師山田想要組球隊時，我就跑去參加了，不過那時候棒球的隊員組成和現在不太一樣，是成績好的學生才有進球隊的資格。

我們球隊的使用球都是學校提供的，一般說來，少棒所打的都是軟式棒球，有一些社會組的球隊會打準硬式，而真正的硬式棒球則是高校棒球隊或是社會組隊在打的。

小學雖然打軟式球，但怕球的人還是很多，那時組棒球隊的山田老師是當然的教練人選，第一次練習時，他負責打球給所有選手接，但問題是沒有人願意當捕手，因為怕被球打到，因為我很想參加球隊就自告奮勇說我可以，結果我蹲下之後，老師才發現我用右手接球左手傳球，山田老師一看就大罵你開什麼玩笑，哪有左手的人當捕手的。不知道是好勝心還是很想打棒球，我就自己改成左手接球右手傳球，也因為剛接觸棒球不久，所以改成哪一手好像都差不多，因此在守備上很快就適應，但在打擊時則還是用左手，那時候臺灣島上大概只有我是右投左打吧！

嘉農的日子

在當時棒球風氣非常盛，不管哪一級的棒球比賽總會吸引很多觀眾，在球場邊幫球隊加油，主要的比賽場地在嘉義公園棒球場，只要有比賽就有球迷來，我父親就是標準的球迷，一碰到比賽他就把廚師工作交給其他人，自己跑去看球，就因為他愛看棒球，所以才會鼓勵我去打棒球、去念嘉農。

講起來在進嘉農棒球隊之前，我學棒球都是玩票性質，老師不是很專業，而我們也沒有很認真的練，直到進嘉農之後。嘉農棒球隊會強，教練近藤兵太郎是很重要的關鍵。那時候嘉農的學生除了讀書之外，都要做農科實習，連棒球隊也不例外，所以我們都得利用有限的時間加緊練習，每天從下午一直練到天色暗到看不見為止，而天黑之後並不代表就可以休息，而是跑步練體能，真的是很充份利用時間，也練得很苦就是了。

近藤老師是一位很嚴格而負責的教練，嘉農棒球隊的教練只有他一人，頂多偶爾有一些校友回來幫忙，因為那時候學長學弟制是非常嚴格的，像很多學弟就不太敢和蘇正生（一九三一年嘉農棒球隊中外野手，曾獲甲子園大賽第二名）講話，所以校友回來很管用，不過多數時間都只有近藤老師一個人在操練，每天都是一個球一個球不斷地打給我們接，不對的動作再重複做，不過這種嚴格的訓練方式也嚇壞不少人，我記得林煥洲到嘉農不到一個禮拜就跑了。

那時候臺灣高校棒球隊還是以北部學校為主，像臺北一中（現建中）、臺北商業（現臺北商專）、臺北工業（現臺北科技大學），高雄的有高雄中學、高雄工業，而嘉義有嘉義中學、嘉義農林等。實力方面各校都不錯，不過臺北幾校、嘉農、雄中都算是第一級的。在以往，各縣市都會齊聚到臺北圓山棒球場（現中山足球場）去爭奪甲子園的臺灣代表權，不過到了我們那時，圓山棒球場已經不見了，改成陸軍醫院，所以臺灣中等學校棒球賽就改在現在的臺灣大學棒球場舉行，雖然比賽的地點改了，不過觀眾還是很多。

戰前（二次大戰）物質已經不是很充裕，打棒球就更困難，在我看來棒球是所有運動當中最花錢的，人多且每個人都要有手套，除此之外，動不動就把球的縫線打裂開，實在很花錢。我記得那時警察一個月薪水差不多是三十幾塊，但一雙棒球釘鞋就要五、六塊，手套也是很貴的，不過手套還有球是學校供應的，但鞋就要自己想辦法，我家裡因為父親當廚師，所以生活還過得去，球鞋都穿新的，只要有一點破舊，我爸爸就幫我換新，因此那時我們隊上有一位山地人每天都跟在我後面，做什麼呢？就是等我鞋子不要時趕快接收過去。

第一屆省運會

戰前雖然物質缺乏，我們仍然克服一切困難去享受棒球的樂趣，但戰爭期

穿著 KANO（嘉農）制服的洪太山選手。（曾文誠提供）

間就實在是沒有辦法了。二次大戰後我在公賣局服務，原本以為不會再碰棒球了，但一天有人跑到公賣局來找我，問我是不是某某人，是不是嘉農畢業的，是不是打過棒球，我都說是啊，我就是你們要找的洪太山。原來他們是為了即將到來的第一屆省運，要組棒球隊，所以特地來找我這個有棒球底的人加入他們的球隊。

他們要我當他們球隊的捕手，在嘉農時代我就是捕手，話說回來，當捕手的人真是天下最笨的，那麼多裝備在身上，而且有功沒賞的。雖然我當過捕手，不過沒有一下子就答應，是他們後來又來了好幾趟，才勉為其難的點頭。

第一次練習時，隊友大家彼此間才第一次見面，雖然是首次見面，可是卻對守備位置互不相讓，有的人說要當投手、有人的說要當游擊、捕手等，我一個人就靜靜地站在一邊不說話，等大家都把位置搶好了，只剩下中外野這個位置沒有人要，大概是中外野守備範圍太大，所以沒有人願意吧，而在我看來只要不再叫我蹲捕手，其他什麼位置都可以，而且我一直對自己的腳程很有信心，所以守中外野，雖然要兼顧左右兩邊，但我想還是可以勝任，所以就站在中外野了，沒想到這一守就到退休，大家也都忘了我曾經是位捕手這件事了。

守備位置是大家搶，而打擊順序是有人排的，有個年紀最大、自稱是教練的人站出來，主動安排全隊的打擊順序，在此之前他也沒看過我打棒球，竟然把就我排在第四棒，我說這怎麼可以，在我心目中第四棒是一支球隊勝負重要的位置，我趕緊對他說我擔當不起，一聽到我這麼講，其他人就紛紛說那我來好了，結果第四棒還是用搶的，我則打第三棒。

球隊組好，就準備去打比賽了，那時候參加省運是這樣子的，以我們所住的高雄為例，先在高雄地區打比賽，冠軍隊伍才能代表高雄打省運，我們也是眾多報名的隊伍之一，我們的隊名叫做「前鋒」，比較特別的是，我們是旅居高雄的澎湖子弟所組成的。

你打夠了沒！

但最後我們並沒有拿下第一，冠軍是旗津的一支球隊，而且他們還邀請我一起去打省運，不過被我拒絕了。那時我們隊中就有人提議，與其不能代表高雄參賽，倒不如回澎湖代表家鄉參賽，反正澎湖也沒有棒球隊打省運。這個提議獲得大家同意，而且縣府的人也贊成，但條件是他們不出錢。那時高雄在地的澎湖人有很多是做營造業的，營造業在當時又很景氣，所以他們就拿錢出來讓我們成軍。

沒想到我們這支連高雄都選不上的球隊，到了省運卻一路過關斬將到冠軍戰，冠軍戰我們的對手是嘉義，隊中有我嘉農的學長蘇正生，這一場比賽我是拚命的打安打，有一局我打了一支全壘打，跑過一壘往二壘時，守二壘的蘇正生竟然往我頭上敲說：「你打夠了沒！」

嘉義代表隊還有另一位嘉農學長陳耕元（前臺東縣縣長陳建年之父），他打擊非常的好，在二十個打數當中擊出十支安打，打擊率是五成，而我也是打擊率五成，不過是三十個打數擊出十五支安打，所以最後打擊賞被我拿走了。

提到打擊，很多人都說我打擊好，問我打擊的秘訣，我是覺得不論什麼運動都得提到技術這個「術」字，沒有其他方法，就是練習而已，守備也好打擊也罷，都是一樣的，練到你能體會，然後就很自然地反映在你身上，為什麼同樣一個位置、差不多速度的球，有的人擊出去平飛有力量，有人就是滾地球，為什麼，這和每個人擊球技巧有關，這些都是要靠體會而來。再舉劍道為例，當你擊中對手時的瞬間，如何將你的腰力貫注在你的劍頭上，才有擊中時的爆發力，這都靠練習才能體會得出來。

守備也是一樣，為什麼有人球接得那麼流暢，有人就接得「零零落落」，這都和練習程度有關，照說接滾地球是球彈跳上來的那一剎那是最好接的，因為太高你就不好掌握接球點，但什麼樣位置才好接也是要靠練習。早期高雄代表隊有一位內野手姓王，守備位置是三壘，他有個外號叫做「怪手」，為什麼呢？因為我們一般內野接球是手套面向上，然後將球接進手套中，但他不一樣，他是球滾過來時，用手套下壓，好像用手套把球蓋住那樣子。有一次我們和來訪的日本隊比賽，對方的監督看到他守備的動作就說：「我們日本也有這種接球動作的球員，這種人真是怪手。」所以後來我們都叫他怪手。有好幾次他在守備時，明明很多球一看就是安打，他卻很快地跑上前然後用手套把球蓋住，刺殺打者，這種絕技實在很不容易，他也是靠著不斷練習才熟悉的。

不斷練習很重要，但如果真要問我打擊技巧，我個人是這樣的，當我在擊中球那一剎那，才將整個身體的力量貫在上頭，而雙手則像扭轉毛巾一般地用球棒把球拉出去，做到這兩點才能使你的球擊出後加速旋轉，飛得更高更遠，這就是我身材雖然不起眼，卻常能把球擊遠的原因。

我一輩子絕不會忘記頒獎典禮那一幕
我們得忍住淚水在一旁鼓掌

【蘇正生口述歷史】

蘇正生，一九一二年生，一九三一年嘉農甲子園代表隊一員，一生見證臺灣棒球史。

臺灣的嘉農熱

因為電影的上映，臺灣曾掀起一股「嘉農熱」的風潮。

最早我對嘉農棒球有深刻印象的是在職棒元年開幕戰前的酒會，當時王貞治先生知道三商虎球員藍文成是嘉農球員後代時，那時王先生眼中閃出的光芒是讓人很難忘的。

接著是陳潤波教練生前跟我提的事，他說二次大戰期間，日軍從臺灣整裝往南洋出發時，火車上的日本兵都會互相提醒「經過嘉義記得叫我」，因為他們想看看來自嘉農棒球隊的故鄉長什麼樣？

這讓我對這支在當時臺灣棒球史很少被提起的球隊充滿了無比的好奇。

一九九二年時，我終於遇到了一九三一年嘉農棒球主力先發的蘇正生先生，當時蘇老先生雖然已高齡近八十，但仍每天從家裡騎踏車到嘉義運動，採訪那天我們約在嘉義棒球場，他也是騎車依約而來，那時的他面色紅潤、聲若洪鐘，看起來就像五十出頭的「少年仔」。

以下就是蘇正生先生的口述。

會打死人的東西誰敢玩

我怎麼會去參加甲子園大賽?說來很有趣。一九二七年我讀嘉農時，最初是網球隊隊員，棒球碰都沒碰過，為什麼沒碰過，因為不敢。那時候棒球、日本人口中的「野球」，根本沒幾個人敢玩，因為聽說棒球很硬，打在身上會把人打死，會打死人的東西有誰敢去碰呢?所以棒球只有日本人自己在玩。

有一天我們學校老師把他兒子帶到學校來，他一個人就拿著手套在校園裡丟，不知為什麼他手上的球卻砸在我們同學身上，「碰」一聲!我心想糟了，可是一看沒事也就放心了，在旁邊的我也親眼見到棒球根本不會打死人，儘管多年後知道老師兒子手中的球是軟式而非硬式棒球，不過就是從那一刻起增加了我的信心，而報名參加了棒球隊。

嘉農棒球隊成立於昭和三年（一九二八年），在全校五個年級當中，參加棒球隊的學生差不多有十五、六位。別看我們球隊人數少，組成的分子還擁有

「三族共和」的封號，那是因為球隊內的球員是由愛好棒球的日本學生（大和民族），來自東部有棒球根基的高山族，還有參加擲遠比賽第一名被拉到棒球隊的劉蒼麟（一九八四年奧運國手劉秋農之父）及我這個「不怕死」的本地人（漢民族）所組合而成。

實練和苦練

有球員就要有教練，我覺得一支球隊是好是壞，教練的地位實在很重要。嘉農能打得好，就是因為有一位好教練帶領。我們教練是畢業於早稻田大學、並且是該校棒球隊隊長的近藤兵太郎老師。

近藤老師訓練我們這支三族共和棒球隊只有兩個方法：實練和苦練。什麼叫做實練，就是每個動作都要求確實，接捕球時不管飛球或是滾地球，一定要用雙手接捕，近藤老師說用單手接球那是「花俏棒球」，一點都不實在，用雙手接捕球的好處除了確實之外，萬一第一時間無法把球接住，也能很快的撿球，避免球漏遠了。除守備之外，打擊、跑壘，也都要求我們每一個動作要做到確實，如有一點馬虎一定被他當場斥責，直到改正為止。

要做到技巧確實只有從苦練著手，那時的嘉農棒球隊不像現在（一九九二年）的棒球隊是集體行動，而是看誰有空誰就去練的方式進行，因為唸的是農校，所以實習課程占了很重的比例，那時我們都是上午拿著鋤頭在田裡實習後沾著一身的泥，然後到現在嘉義棒球場附近的練習場報到。由於每一位隊員練習的時間都不太相同，因此近藤老師就採用彈性方式訓練，例如只有九個人在場時，就四個人打擊、五個人守備，隔段時間再交換。

雖然時間人數不定，但絲毫不影響老師的態度，在他的監督下我們幾乎沒有休息的時間，而且不管球員是日本人或是本地人，只要穿著球服在場上都一視同仁，只有一個字：「練」！

苦練加實練之外，我記憶中近藤老師還有幾點是令人難忘的，他不准選手在光線不足的地方看書，因為這樣會對視力造成傷害，一個視力不佳的人怎麼打得好棒球呢？還有老師有一帖治感冒的「秘方」，那就是連擊三、四十個球讓他接，直到跑出一身汗「不藥而癒」為止。

要唸書又要練球，我們卻都沒有人喊累，而且在訓練時間沒有嚴格要求下，我們不但沒有偷懶還準時到達球場，假日甚至主動練球。我們為什麼這麼做，因為我們有目標，而這個目標就是甲子園。我不知道隊中其他同學是怎麼想的，但我只要想到甲子園，就會聯想到飄洋過海、到日本到處走走的念頭，大概是這種「想玩」的心，才讓我忘掉揮汗練球的苦吧！

冠軍與甲子園

在嘉農之前，代表臺灣參加甲子園的，都是臺北那三個學校：北一高、北高工、北高農，三個學校在輪流，所以北部人就說優勝旗不會過濁水溪。

我進入棒球隊的第一年，參加在臺北圓山棒球場舉行的代表權大會，我們一路過關到最後一戰和臺北一中爭冠軍，那時我是三壘手，比賽到第六局時，嘉農以一比二落後，可是後攻的我們，卻在只有一人出局時，進占二、三壘，只要有一支安打就可以扳平甚至超前，你可以想像那時候我們有多高興，可時老天偏偏不讓我們太得意，雨水先是一滴一滴的下來，最後像是有人在上頭用臉盆潑水一般，嘩啦、嘩啦直下，比賽就在我們準備贏球時停止不動了，等了一陣子雨還是下不停，大會就宣佈冠軍由五局結束時領先的臺北一中獲得，現在想起來還是很不甘心。

輸給老天爺不甘心的當然不只我一個人，所以第二年我們練得更勤快，加上又補強了幾位好手，雖然沒有跟其他社會組或學生練習比賽的經驗，但我們每一個隊員心裡都清楚、我們比以前更強了！

一九三一年我們再度北上，記憶中那年代表權大賽的隊伍除了嘉農之外，還有北一中、北二中、北商、北工，嘉中、南一中、臺中一中、雄中、中商等學校，不過最後和嘉農爭冠軍的仍是臺北「三大校」之一的北商。

我們和這所都是日本子弟的學校打完九局，兩邊都是十比十平手，延長賽的十一局上半，我們先得兩分，北商在下半局反攻得一分又占滿壘，在兩人出局後，對方打者擊出二壘前滾地球，站在中外野的我，看到那球被擊出後，心都快跳出來了，所幸雖然緊張，但還是贏得了比賽，勝利到來那一刻我們都哭了，因為終於可以到夢想的甲子園了。

甲子園的讚美聲與信心

向日本遠征的渡輪從基隆出發，不過在出發前，總督還特別召見我們，勉勵我們要為臺灣爭光，奪得冠軍而回。船坐了四天多才到大阪港，雖然漫長但沒有人覺得勞累，因為這是生平第一次坐大船看海，玩都來不及怎麼還會覺得累，不過教練近藤老師還是不免在沿途一直提醒，甚至略帶斥責的口吻告訴我們：「不是到日本玩，是到甲子園拿冠軍的。」

當我們到大阪港時，離開幕時間卻只剩二十分鐘，因此近藤老師顧不得省錢原則，就帶著我們搭車火速趕到甲子園比賽場地。一進了球場數萬名的觀眾就對我們報以熱烈掌聲，這是甲子園給我的第一印象。也是永難忘懷的印象，我想現場球迷會給我們最熱烈的歡呼，除了因為我們是來自日本本土以外的隊伍，另一原因是經年苦練的嘉農球員，每個人皮膚都已呈現黑金色，讓當地球迷感覺到是支訓練有素的隊伍。

也由於一開始就受到極大的鼓舞，因此我們都有那種強烈的意識，意識到我們一定能在此地創下佳績。另外讓我們有那種強烈贏球感的還有幾點原因：第一是開賽前看到對手練球的情況，讓我們很有信心。第二在臺灣聽說甲子園球場很大，可是到了現場覺得沒有想像那麼大，和我們平常練球的地方差不多，心裡就踏實多了。第三是賽前練球時，我們有兩次獲得現場球迷的讚美聲，一次是我從中外野長傳本壘給捕手，球沒有經過轉接也沒有提前落地，就飛進捕手手套而且是好球帶的位置。其二是投手吳明捷練球，他是採用標準的高壓式投法，不但姿勢漂亮而且球速驚人，每一球投進捕手東和一的手套中，都發出「啪、啪」的有勁聲響，這使得現場看球的人都心生激賞之感。

有信心的我們在第一場對神奈川商工以三比零獲勝，我在第七局還有一次盜本壘得分的紀錄。第二場我們贏更多，以十九比七大勝札幌商業，我在這場比賽不但有盜壘而且還擊出三壘安打，就因為我們連兩勝，日本各界開始注意來自臺灣的嘉農棒球隊，而且在臺灣有分公司的日本商社也在大阪宴請我們。

請客那天吃的是西洋料理（西餐），第一道上的菜色是奶油麵包，以前我們根本沒有看過那一小塊黃色的奶油，不知道做什麼用的？所以大家都不敢動它，後來有一位隊友忍不住用手拿起來咬了一口，大家也就一個接一個咬了起來，所以這一頓就「有樣學樣」的吃完。不過在用餐結束前還上了一道水果，那一家餐廳的老闆大概不知道我們是從臺灣來的，竟然把香蕉擺在最上頭，然後蘋果放最下面，如果我們從底下拿走我們最想吃的蘋果，整盤水果一定會垮下來，所以誰也不敢動，就這麼乾瞪眼到結束。

我上過甲子園

準決賽遭遇冠軍熱門隊伍小倉工業，但我們仍以十比二贏了他們，至此幾乎所有人都斷定這次大會冠軍非嘉農莫屬，因為小倉工業不久前才在練習賽中大勝中京商業，而中京商業正是我們接下來冠軍賽的對手。

唉！世事就是這麼不如人意，一切條件都有利的嘉農，竟然以零比四敗給了中京。為什麼我們會輸，講起來令人傷心。

近藤老師為了這次大會，特別請來他在早稻田的隊友擔任客座教練負責投捕暗號，這位義務教練賽前並不知道吳明捷手指已經受傷無法投變化球，還一直做下墜球的暗號，但球已經不聽吳明捷使喚，經常在本壘前就已經落地，在中外野的我，看到球落地捕手追球的背影，心裡直吶喊：「趕快啊！趕快撿球啦！」可是有什麼用呢，吳明捷就在太聽教練指示又不敢訴苦的情況下，因過多的四壞球保送而敗北。

我一輩子絕不會忘記頒獎典禮那一幕，看著中京興高采烈的領獎，而我們卻得忍住淚水在一旁鼓掌，世上最殘忍的事，大概就是目睹別人在你面前拿冠軍吧。六十幾年囉！每一年夏天！嘉農苦練，渡海遠征，甲子園激戰一幕幕都自動浮現在腦海，甚至那一年大賽回臺灣，在臺北遊行接受女學生獻花等甜美畫面也都清晰重現。雖然遺憾未能奪得冠軍旗，但回憶這一生已經值得了。

因為——我上過甲子園！

國家圖書館出版品預行編目 (CIP) 資料

野球 . 人生 / 曾文誠著 . -- 初版 . -- 臺中市 : 好讀 , 2020.07
面 ; 公分 . -- (小宇宙 ; 20)

ISBN 978-986-178-523-3(平裝)

1. 人生哲學 2. 成功法

191.9 109008093

好讀出版

小宇宙 20

野球・人生：別無所「球」的追夢人

作　　者／曾文誠
總 編 輯／鄧茵茵
文字編輯／莊銘桓
行銷企畫／劉恩綺
封面設計／鄭年亨
內頁美編／鄧語葶
發 行 所／好讀出版有限公司
407 臺中市西屯區工業 30 路 1 號
407 臺中市西屯區大有街 13 號（編輯部）
TEL: 04-23157795 FAX: 04-23144188 http://howdo.morningstar.com.tw
（如對本書編輯或內容有意見，請來電或上網告訴我們）
法律顧問／陳思成律師

填寫線上讀者回函
獲得更多好讀資訊

總 經 銷 ／知己圖書股份有限公司
106 臺北市大安區辛亥路一段 30 號 9 樓
TEL: 02-23672044 / 23672047 FAX: 02-23635741
407 臺中市西屯區工業 30 路 1 號
TEL: 04-23595819 FAX: 04-23595493
E-mail: service@morningstar.com.tw
網路書店：http://www.morningstar.com.tw
讀者專線：02-23672044、02-23672047
郵政劃撥：15060393（戶名：知己圖書股份有限公司）

印　　刷／上好印刷股份有限公司
初　　版／西元 2020 年 7 月 15 日
初版二刷／西元 2020 年 9 月 30 日
定　　價／ 320 元
如有破損或裝訂錯誤，請寄回臺中市 407 工業區 30 路 1 號更換（好讀倉儲部收）

Published by How Do Publishing Co., Ltd.
2020 Printed in Taiwan
ISBN 978-986-178-523-3